疯狂创业

维　迪◇编著

北京工业大学出版社

图书在版编目（CIP）数据

疯狂创业 / 维迪编著 . --北京 ：北京工业大学出版社，2012. 12

（社会现象透视丛书）

ISBN 978-7-5639-3312-9

Ⅰ. ①疯… Ⅱ. ①维… Ⅲ. ①职业选择-研究-中国 Ⅳ. ①D669. 2

中国版本图书馆CIP数据核字（2012）第271668号

疯狂创业

编　　著：维　迪

责任编辑：宋春立

封面设计：尚世视觉

出版发行：北京工业大学出版社

（北京市朝阳区平乐园100号　100124）

010-67391722（传真）　bgdcbs@sina.com

出 版 人：郝　勇

经销单位：全国各地新华书店

承印单位：唐山才智印刷有限公司

开　　本：787mm × 1092mm　1/16

印　　张：17

字　　数：220千字

版　　次：2013年1月第 1 版

印　　次：2021年1月第 2 次印刷

标准书号：ISBN 978-7-5639-3312-9

定　　价：32.00元

总序

在生活中，我们必须用辩证的方法看问题，走极端是要犯错误的。事物都具有两面性，我们应该审慎对待，否则就会出问题。从认识论的角度来说，也许反面的例子更能给我们真正的启示和帮助。“社会现象透视丛书”针对很多当代人缺乏理性的不科学的生活方式，通过大量发生在现实生活中的事例，提出独到的见解和建议，希望能让读者从中受益。

“社会现象透视丛书”包括：《疯狂投资》、《疯狂创业》、《疯狂跳槽》、《疯狂上网》、《疯狂婚恋》、《疯狂崇拜》、《疯狂旅游》。通过阅读这套丛书，相信读者朋友会做好调整，建立良好的生活方式，保证健康的体魄，赢得事业的成功。

前　言

有人说，人生是一场赌博，创业更是。当一个人萌生了伟大的想法，进行了周密的策划，调动了充分的资源，执行得滴水不漏，就会赢吗？也不一定！从本书描述的案例中可以看到，不管是青年创业、中年创业、老年创业，还是女性创业、夫妻创业，甚至打工创业、草根创业、农耕创业，在这些创业者的创业过程中，可能会半路杀出个竞争者与创业者拼死竞争，也可能实践证明最早的想法是错误的，以后一切努力都是无用功。

把创业这件事情看成是下赌场，怎么才能知道多长时间碰上好运？确实没人能预测这种事。从理性的角度，作为创业者，想要得到最后的胜利，需要什么条件？不是钱，不是知识，不是技能，不是经验。因为这些都可以在创业的过程中得到。在方向正确的大前提下，唯一需要的条件是坚持，永不放弃的精神和勇气。除了需要不断尝试，还得不断总结经验教训，以提高下一次的胜算。这样的创业者，想不成功都难！

目 录

第一章
青年创业，条件不足也疯狂

创业，是改变命运的起点，万千青年的疯狂创业，就是在勇敢地改变命运。由于年轻人在创业知识、能力和资源上的不足，所以会遇到许多意想不到的困难，会伴随着大量的新生意失败。然而，年轻人不该被失败吓倒。本章描述了青年创业失败的若干事例并加以评论，告诉年轻人怎样客观评价自己，如何抓住和利用机会，指出千万不要做自己不熟悉的事情，等等，旨在帮助青年朋友创业成功。青年人可以从失败的创业事例中吸取经验教训，使自己在创业路上少走弯路。

草率做餐饮，很快就关张

“民以食为天”，由于这个人类的生理特性以及做饮食行当的便利性和可操作性，餐饮业一直是生意人投资的一个重要领域，也正因此，餐饮行业的竞争也愈演愈烈。很多青年人将第一次创业的项目选择在饮食上，这本身没有什么不对，但在哪里做餐饮生意，做什么类型的餐饮生意，以及找准餐饮生意的消费群体等，这些都要事先搞清楚，不然就做不好。

在G市，市民的消费渠道很窄，吃饭下馆子成为人们的主流消费方式。十几年来，本地也确实出现过有人凭几张小灶就炒出一个亿万家财的神话。这样的财富神话也激励着更多的后来者纷纷涌入到饮食行业。一时间英雄遍地下炊烟，好不热闹。小陈就是这样的一个例子。

小陈以前是单位的一名厨师，主要做工作餐，小陈炒出的菜比现在大部分人炒的菜都要好出很多，但如果以菜肴专业的角度去评判，小陈是不够格的。他炒的菜虽然口味不错，但总显得品相不佳，后味不足，明显属于小作坊系列。

小陈颇有自知之明，他根据自己的厨艺特色认真找准改革的切入点，果断摒弃干高档餐饮的不切实际想法，稳扎稳打，俯下身子，扎扎实实地融入社区，干起了为平民百姓炒菜的老本行。

小陈选择一条繁华商业街背后的民居小巷作为自己的第一次创业地点，他租了一间二十几平方米上下两层的店面。几乎没有装修，只花了几百元钱砌了个单灶。楼上是雅间，桌子是四方木桌，凳子是四角方格，没有空调、电视。再看一看周边环境，周围都是一些层次较低的居民，收入一般不高。街对面有两三家装修不错的饮食店，铝合金门窗，内设空调。绕出小巷走过二十米就是通衢大道，那里有一家不错的台湾小吃城。

小陈地址的选择不尽理想，但小陈以自己的独特口味和便宜价格为卖点，立志要在小巷打出一片自己的天空。但是小陈很快发现自己的生意不太好，很难吸引到顾客光临。其实是他的定位偏低，附近有身份的人不屑于到这里吃饭，而来吃过饭的人又不认同这里的口味，尝鲜后便不再光临。

开张了一个月，没多少人光顾。小陈急了，忙招呼着周边客源，甚至把周边一个楼盘工地上的民工拉到了饮食店。小陈做梦也没想到，这帮民工真是太能吃了，小陈和民工这样约定，民工点3元炒菜，饭管饱。

小陈的原意是以薄利达到多销，通过让民工吃饱饭来带动人气，以促使民工能点更多的菜来带动盈利。谁知这年头打工的民工肚子里的算盘打得比他还精，在小陈的店里抡开腮帮子，敞开肚皮地吃起来。

那个场面叫震撼啊！几十号人或坐或蹲，端着海碗干吃大米饭，一边不停地催着加饭。这边，小陈他爸爸在洗带鱼，小陈他妈妈在烧茶，小陈在烈火高温的灶台上翻锅子，不知道的还以为是谁家在办酒席。小陈一个中午要煮三大钢精锅的米饭，那时候大米还没涨价，但也要一块钱一斤啊。更有那旁边赶来看热闹的饮食业主，阴阳怪气地调侃着小陈："还是陈老板的生意火啊……"

每到中午，民工们络绎不绝，全是冲着3元钱吃饱饭来的。小陈想：我这哪是在做生意啊，这不是开仓赈粮吗？小陈"大善人"的绰号在那条小街上不胫而走。一个人即使再家大业大，也架不住这样吃啊，小陈在经过四个多月的浴血煎熬后，终于关门大吉了。

小陈的厨房传出一声响亮的瓷盘破碎声……

青年创业者队伍中有很多人选择开快餐店这个项目，但一些快餐店开了一段时间很快就关张了，此类现象层出不穷。其实是这些经营者决策草率盲目开店，最后落得一个惨败而归的结局，看了让人心痛。

小孙26岁，个子不高，人很机灵，思维敏捷，善于接受新鲜事物，缺点是小肚鸡肠，魄力不足。他原本在一家事业单位上班，但不是公务员，每月2000元收入。尽管这个收入在2003年的D市不算很低，但小孙总觉得生活平平，没什么意思。由于他先前曾在肯德基打过工，熟悉鸡块、土豆条的烹饪，他决定自己做汉堡包，也算开创自己的第一份事业。

汉堡包实际上就是家庭作坊式的肯德基，前期投入不算大，两台电烤炉，一台制冰机，一台饮料机，一个还算漂亮的灶台。

小孙思维很缜密，属于那种具有营销观念的年轻人。他对自己开的这家汉堡店定位很高，加工操作完全按照他在肯德基里面所学的那套程序，比如炸土豆条要多少分钟，炸鸡块要多少分钟，完全一丝不苟。而且他非常注重产品的品质和印象。他还特地买了一台收银机和空调机，为的是突现小店的正规和高档。

对于店址的选择，小孙有自己的分析和研究。经过实地考察，小孙最后选定在一家重点小学附近新开张的一楼门面，地方不大，大约12平方米，这还包括了一个操作台和一个卫生间。外面有小台三张，靠墙长桌一条，能容七八人同时进餐。

开张那天，生意挺火，学生们争先恐后地涌入汉堡店。能在校门口吃到和肯德基口味差不多的鸡块和薯条，真是不错。

第一天小孙就入账600多元，这使他的信心大增。

按照D市做生意人的说法，做生意前三个月亏本是正常的。小孙当初也做好了这种准备，但是他的汉堡店在第一天就给他一个激情拥抱。随后几天的生意也不错，每天的营业额在五六百元之间，最高的一天超过千元。

汉堡店招聘了两名小工，工资600元，晚上小孙的妈妈来店里做账。虽然每天都很忙，但是小孙很有信心把这个小店打理好。

但是在接下来的经营中，小孙发现了一些问题。首先是汉堡店的生意额大起大落，每到周五生意特别火爆，放学后的学生们挤满了店堂，这个时候一般在600元左右，而平常的生意就很一般，回落到二三百元左右。更要命的是，学生不是天天上学，每年总有几十天的学假。这也是造成汉堡店生意大起大落的原因。

其次是小店的经营成本太高。一间十几平方米的小店月租就有2000多元，生产汉堡包使用的是商业用电，一度电将近2元钱，而且小孙进购的鸡腿、鸡翅、薯条、面粉等价格本身都较高，过高的经营成本制约了利润空间，小孙很快发现自己只能维持在一个保本的尴尬局面中。

还有就是顾客群体单一，汉堡店的餐饮对象以附近的小学生为主，中学生不多见，而成人就更少了。由于价格相对较贵，造成顾客的消费也只是偶尔性和周期性的。小孩子们也许可以每天放学吃一根台湾热狗，可很少有啃一盒4元鸡翅回家的。

另外，小孙的餐饮品种单一，除了鸡翅就是土豆条，要不就是爆米花，可供选择的余地不大。

在随后的日子里，小孙的汉堡店可以用“惨淡经营”来形容。为了保本，产品的质量也下滑了，先是饮料加冰块稀释，后来就干脆加水稀释了。油也是很长时间才换一次，产品口味也下降很多。由于小店实在不赚钱，把小孙和家里人也全都拖了进来，成天守在店里面，很难有所作为。

在经过快一年的挣扎沉浮中，小孙终于将汉堡店盘给了别人。小孙用自己和家人近一年的时间为现在的店面所有者打了份血汗工。在这家汉堡店小孙没赚到钱，唯一的收获是他自已觉得做生意能历练人并把人变得世故。今天那个小汉堡店早已在换了几茬经营者之后改作他用，那个熟悉的汉堡小屋已然深深地印在小孙的记忆中。

点评与建议

其实，小孙这个项目本身不错，投入小、风险小，必要时能及时抽身而退。失败的原因在于，小孙的店租和用电是吞噬小店利润的老虎机，光这两项的硬性支出每月就达到近4000元。但这两项支出是谁也无法降低的。

像小陈、小孙这种快餐生意，是青年创业的一个不错选择。但餐饮业是一个综合工程，涉及项目极为烦琐，其中，饭菜质量、经营品种、服务标准、原料采购、环境内外装修、地理位置确定、财务控制、广告策划和宣传、定位及控制等都会直接影响到创业的成功与否。但有很多创业者往往忽视了其中一些至关重要的因素，导致了不该发生的失误。

专家认为，近年来，餐饮业内大小饭馆、饭庄出现大波浪走势，每天总有百家欢喜、百家忧，这表明我国餐饮业良莠不齐，存在很多问题。这与餐饮业猛刮浮躁风有直接关系。例如，在餐饮行业中，对厨师的等级是有严格要求的，但实际上很多厨师名不副实。不管是大到名店还是小到几十平方米的小门脸儿，大多有一块金字招牌：本店特级厨师掌勺或特聘×菜名厨料理。实际上，这些高级厨师一半以上都“毕业”于速成班。半个月前还在扛锹推车的小伙子，半个月后就成了“特级厨师”、“名厨”。餐饮业内权威人士说，有的三级厨师甚至连嫩鸡、老鸡都分不清；有的二级厨师不会磨刀；有的一级厨师炒出来的青菜都看不见绿了。厨师炒菜左手握锅，右手掌勺，锅是不能脱手放下的，这是厨师的基本动作，而现有的厨师十有八九没有这样做。可想而知，这种连厨师的基本功都练不到家，炒出来的菜何以谈

"色、香、味、形"俱全？

那么，搞餐饮业创业应该注意哪些问题呢？

第一，不能不考虑固定成本。

餐饮行业是微利经营，再热闹的地方，人的肚皮也是有限的。何况黄金地段的地价租金也"黄金"。

餐饮业的流动资金占用量很大。看似每天哗哗进钱，但其背后的煤火、水电、餐具、用工、备料、招牌、广告，等等，开销都深不见底，原料耗损也很大。餐饮业的人常说："开业空仨月。"意思是说，白手起家干餐饮，需要最少三个月的时间，才能摸清顾客的口味，推出顾客满意的服务，甚至还要不断修整门面。如果创业者的备用资金不足，就很难挺住。

第二，确定消费人群。

餐饮市场与其他市场还有所不同，那就是口味的差异化明显。消费人群分布也非常广泛，各市场都有不同的特点，口味、消费习惯也不尽相同；同时，不同消费层次的消费者需求也不一样，对于品牌的需求存在很大差异。因此，如果创业者的目标消费群定位越清晰，品牌定位越明确，就越能满足目标消费群的需要。

确定消费群主要是针对性地投其所好，也就是餐饮店卖的快餐是不是符合大众口味。开餐饮店要考虑所面向的消费群体，是学生，是上班族，还是某一小区居民，等等。根据面向的消费群体，再来选择开快餐店的地址。

第三，合理选址。

选址是决定快餐店成败的第一要素。选址就是选顾客，选址错了会导致客源不足，也就是能接受某一快餐店的产品、价格、服务、环境的潜在顾客数量不够多，导致餐厅上座率很低，营业额不足就会难以实现盈亏平衡，甚至出现持续亏损。若开业一年不能扭亏为盈，很多餐厅很快就会倒闭。

酒香也怕巷子深。有经验的人都知道，菜品质量、服务有问题还可以慢慢调整，如果选址错误客源不足，基本上无计可施了。因此选址一旦出错就是致命的，创业者必须慎重。

第四，要有自己的特色。

既然是快餐，就要充分考虑快餐的特色，总的原则是在产品和经营方式上尽可能和其他同类快餐形成鲜明的差异化。

产品特色是快餐经营的首要环节，它在一定水平上决定着快餐店经营成败。但需要注意的是，任何快餐店经营的品种都不可过多过杂，否则既会使快餐店显得没有特色，也会无形中加大厨房的工作量，并使整个快餐店变得难以运作。因此，一个快餐店在品种上切不可面面俱到。

第五，必须做好卫生工作。

所谓“病从口入”，所以餐饮业一定要做好卫生工作。要做到餐厅卫生，不要地板总是脏兮兮的，桌子脏兮兮的，墙上油乎乎的，厨房的味道满屋窜，客人走后要马上收拾干净桌子，保证餐具无破损。要无苍蝇、无灰尘。供顾客自取的调味料，应当符合相应食品卫生要求。当发现或被顾客告知所提供的食品确有变质时应立即撤换该食品，并告知备餐人员立即检查同类食品，确保安全卫生……总之，在食品卫生方面必须达标。

第六，把顾客当上帝。

有一个故事说，一个乞丐走进一个餐厅，服务员爱理不理的，经理却很热情地迎上去，周到地为乞丐要了他想要的东西，服务员不解地问：“为什么你对一个乞丐如此热情？”经理回答，“他是用他所有的钱来买我的东西，而别的顾客只是用他们的一部分钱来消费，我没有理由不为他热情地服务！”故事告诉我们，要真正把顾客当上帝。要机灵，眼观六路，耳听八方，做到服务热情、周到、细致。

顾客永远是衣食父母，尤其是忠诚顾客，这不仅在于后续消费，更重要的是他们能为经营者带来口碑传播，使忠诚顾客的数量越滚越大，市场也就越来越大。

第七，草创阶段不妨考虑加盟。

如果真想干快餐，不妨先加盟一家和创业者想法差不多的品牌餐饮店。与品牌店合作经营，开一家分店，这样投资风险和经营风险都小一些。待掌握了一些经营方法，并确定了自己的餐饮项目后，再独立经营快餐店也不迟。

选项不准，仨月亏损上万元

在一些竞争激烈的行业里，新来的进入者由于资源、信息、经验受限制，很轻易成为商海里的底层生物链。避开竞争激烈而且未知的项目，选择自己熟悉的项目，才是那些低竞争能力的新手的发展途径。

家住A市的小孟24岁，有一次他和一帮朋友喝酒，其中有个朋友小周是市工商联的司机，他认为自己掌握着一大把人力资源，便在酒桌上对小孟他们提议："我们合伙搞个旅行社吧！"结果几个年轻人稍一商量后就决定"干一把"。

其实，搞旅行社拼的就是口碑和资源。小周所说的旅行社其实就是挂靠在一家大的旅行社门下，自己做点接团、甩团、拼团的业务，只属于"玩票"的性质。他们决定"干一把"显然不靠谱。

小孟平时爱看《周易》，在预测上有点小天分。毛主席说过凡事预则立，不预则废。小孟当时给自己算了一卦，结果是"地火明夷"，这个信息很明显，意味着做这个项目会亏钱。但很多时候，人们的抉择就是因为盲目干才导致失败的。

他们开张的时候是9月中旬，买了两张办公桌和一台传真机，一台打印机，装了一部电话，拉根网线上网。店租和挂靠全部免费。应该说这个进场条件相当好，首先小孟就规避掉了房租的投入。小孟他们仅花了900元就成功开张了，几个人都在为自己成功开张喝彩。

但他们介入的时机不好，这时候的旅行社竞争已然是白热化。在A市当地的报纸上，除了楼市广告最多外，第二就是旅行社的广告，经常满报纸一版，数十家旅行社的广告挤在一起，推的线路大同小异，报价差不多，除了几个大社给人有点印象外，其他小社简直就是边缘化。一些小社竞争不过大社，只好以拼团的形式搞联合。而且小社多是利润极低的“近游团”，一般按人头也就赚个十几元钱。

不出意料，刚开张数天，小孟的旅行社可以用四个字来形容：无人问津。小孟他们分析原因，发现是自己广告力度不够。于是他们印发宣传单，往高档写字楼里散发了许多单子，结果还是不行。后来聘了一个导游做计调，也还是不行。再后来花钱到报纸做广告，这才算有了一点效果。开始有人打电话给小孟咨询旅行社的事情。很快，小孟终于做成了他们的第一个十八个人的“近游团”。

可是小孟发现他们根本“吃不饱”，一个星期只做成了几个团，而且是费用极低的“近游团”，人头费最高才有12元钱入账，几乎没有利润可言。小孟现在才明白，搞旅行团做“远游团”才是赚钱的业务，搞“近游团”那是赚人气。

小孟立刻调整业务，在广告上打出远游线路，找关系单位推介远游项目。但是很快发现，市场留给他们的份额基本没有。

为什么呢？一是他们的名气和资历不够，人家不放心给他们做。能搞“远游团”的单位都是效益好的单位，出去玩都怕有个闪失惹领导不开心，所以都愿意交给大社做，出了事情也好推诿。二是大社已经牢牢占据了各业务单位的资源，各单位的工会主席、办公室主任都吃回扣，成为铁哥们，所以小孟他们根本分不到一杯羹。

为了做成业务，小孟他们终于拿出了打价格战的低级手段和大社拼团。通过一番努力和磨难终于拿下了一家单位的30人云南“远游团”。这一次是他们社成立以来所做的最大的也是唯一的一次大单子。

说实话，如今在大经济前景不乐观的情况下，谁愿意花钱出去玩啊？但也有例外的，小孟挂靠的那家旅行社的海外业务量特别大，尤其是香港、新马泰的线路，每天办护照签证的本子堆上一大摞。看来中国人有钱的那是相当的有钱，不过公费旅游的居多。

很快到十一国庆节了，这是旅行行业的黄金时段，但是这一年的国内旅行真是萧条，小孟除了甩了一个几十人的团包给别人做外，自己居然没组成一个团。到这个时候，傻瓜也知道败局已定了。

果然，过了一个月后，业务基本上没有了，连报纸上登的旅游广告也少了一半多，小孟的旅行社开始吃空粮了，其他社也都差不多。到了12月份，他们中还有人想撑一撑，说到春节的高峰再做一次。但小孟分析后认为：今年的春节要等到2月中旬，如果要撑下去等于要等两个月空闲，这两个月就等于净亏损。即使春节到了，这时候都是玩海南团、海外游等高档路线，小孟他们一没有资质做海外游，二没有关系做远游团。所以说，这个项目的前景并不乐观，不如趁现在还有机会果断出局。

第二天，小孟的旅行社解散了。满打满算，小孟和另外三个合伙人每人亏损3000元，其中相当一部分是用来搞人情开销的。小周得了一台打印机，另外一个人过户了那根宽带，几个年轻人的激情和梦想终于被现实的残酷所击碎。

点评与建议

这个故事告诉青年朋友，创业光有激情是不行的，而是应该选择自己熟悉的领域，并针对每一个具体环节做出理性的抉择。

开旅行社是个极富挑战性的选择，不仅拼的是客源，还要看创业者如何去经营和管理。开旅行社在每个地方都不一样，具体怎么做，首先应该咨询当地的管理部门，比如：我们到底该履行哪些程序？还需要办些什么手续？等等。

开办旅行社严格来讲需要政府部门的资质认可，手续比较烦琐，因此需要认真对待，不该存有侥幸心理。这既是对客户负责，也是对自己负责。如果不具备办社条件或手续不全等，一旦出现问题，将会非常麻烦，甚至要承担法律责任。这绝非耸人听闻，目前这方面的纠纷案例数不胜数，因此要引起足够的重视。

至于如何去经营旅行社，不仅要有好的业务量，而且也要懂得管理。市场的需求及目前旅行社的价格，都要根据当地实情进行适当调整，要有自己的一套管理方法。事实上，任何营利性实体的管理都是一个永无止境的学习过程。

如果创业者正在为自己的旅行社做着初步规划，如果正在梦想着开办属于自己的一家旅行社，那就必须先了解如何运营旅行社。这里面涉及的问题很多，只有加强学习，勇于实践，认真总结，不断探索，才能使旅行社正常运转并取得良好的业绩，才能最终创业成功。

盲目高估自己，店铺被迫转让

许多人也并非自己想要东游西荡，但老是找不准方向，找不准角色，究其原因，主要是对自己的估计不准确。估计太高，则流于幻想，虽有远大抱负，却无实际可能，除了碰壁，最终是一场空；估计太低，又可能浪费资源，高射炮打蚊子，不仅浪费了炮弹，蚊子也不一定打得到。正如《道德经》中说："知人者智，自知者明。"一个人如果自认为自己聪明，但对别人说的话不假思索地采信，对自己的能力过分自信，这就是既不知人，又不知己！

我们的社会是由一个又一个的人构成的，只有充分把握人性的特点，才能立于不败之地。如果一个人有智甚高，但人却轻浮，爱慕虚荣，总想以小博大，一夜暴富，是不切实际的。虚荣者必不务实，且赌徒心态泛滥。因为不曾拥有，可又朝思暮想。最终令多少人倒毙其中，不可挽回！这种人既不识人也不知己，仅见表面便妄下结论，倾其所有，欲博万一。如此，岂有不败之理？成功有偶然的理由，但是失败一定有必然的原因。

阿成出生在福建省泉州，那里是著名的侨乡。从宋代开始，就有许许多多的人由那里出海，远涉重洋与外国人进行贸易。到了近现代，那里出国的人更是数不胜数。家家户户都有海外的亲戚。这在新中国成立初期或许是提都不敢提的事情，但到了改革开放时期，那就是不说就对不起他们家姓氏的大事了。先富起来的人们过上了幸福的生活，无数羡慕的眼光开始向他们聚集，阿成就是这群人中的一个。他看着邻居们一个接一个地开工厂，做贸易，越过越红火。但他们家始终不起色，虽然他是村里为数不多的大学生，而且还是2007年上的华侨大学，含金量还是挺高的。

阿成靠他的聪明才智毕业后被交通银行厦门分行录取，开始过上了白领生活。但是，在现今社会即便在银行里工作，要想在城市立足依然犹如在热带雨林中生存一般。阿成的工资大概是2800元，再加上绩效奖金每个月1500元，公积金1000元，这就是他的全部收入。而厦门现在的房价，每平方米大概是10000元。阿成每个月能支配的金额不吃不喝，每个月最多能攒下5300元。买个100平方米的房子，要用200个月。如果首付是30%，那么也要60个月。也就是5年时间不吃不喝，不往家里寄钱，不要生病，不要有同学朋友婚丧嫁娶。总之，除了工作—挣钱—存银行之外什么都别干，但这可能吗？

实际情况是：固定开支包括每个月手机费100元，公交卡100元，三餐（银行食堂包一顿中餐）600元，住宿舍30元，宽带60元，共计大约需要900元。另外，浮动开支大概需要400元。因为是集体宿舍，又都是年轻人，兄弟们常常在无聊的夜里去喝酒、唱卡拉OK就正常不过了。喝酒、唱歌你请我请怎么说一个月总轮得到一回。

这样下来，每个月工资大概能存的就只有3000元了。而这已经是阿成能存下金钱的最大值。往往现实情况是每个月只剩下一点点，甚至是一点都不剩。这太正常了，如果家里有朋友、同学来，一个晚上去酒吧就可以把钱都花光。

阿成看到了许多以前的同学，读书时成绩还不如他好，但人家现在在厦门已经包工程做项目，随随便便赚了一两千万。有些离职的同事，路上偶遇，一个个都说出来混，比在银行里好多了。再加上看了不少名人传记，都说不如去博一下，年岁易老，青春不再，何时才能发达呀？阿成开始蠢蠢欲动。

时间不知不觉过去了8年，阿成除了有十几万元存款外什么也没有，依旧住着银行里的宿舍，乘着公交车上班，干着一样的活。耳边不时传来街上呼啸而过的跑车轰鸣后留下的余波，身边还是那群跟他一模一样的同事。有传闻谁谁出去后混得多好，赚了多少钱。眼见自己在银行里又没有多少钱，升不上官自然赚不到钱。虽然这几年渐渐成为银行一个部门的主力，可是处长太年轻，只比他大七八岁，还是本地人，一点没有要走或挪地的迹象。看来升迁无望了！

由于在金融系统工作，平时都看些财经杂志。对于当下经济风云人物他是了如指掌，每次兄弟聊天都说些谁谁谁以前还不是卖冰棍的，谁谁谁也不过是个走单帮之类的话题。然后就是大家一起发发感慨，说说身边同学、朋友已经怎么怎么好，如今我们还在这里啤酒配水煮活鱼。

夜里，独自在宿舍单人间的床上，他彻夜难眠。想想家里的父母，不争气的弟弟，还有女友对他的无比关怀，而他却没办法给他们在这个耕耘了8年的繁华城市里买下只砖片瓦。越想越对现状失望，越想越觉得应该跳出如今的这个安乐窝。想想当年，如果马化腾不跳出来单干，他能有腾讯？潘石屹如果没有离开政府机关他能有SOHO吗？人一定要把自己逼上绝路才能成才，对，就这样！不信凭我自己的能力闯不出一片天！

第二天，他就把自己的决定告诉了女朋友，女朋友很支持他的决定。同样年轻的心，有着同样高远的梦想。

很快，阿成打好了辞职报告离开了交通银行。对于未来，他是迷茫的，但是对于自己，他是有信心的。在科技部工作的几年里，他看中了计算机产品销售的行业。有几个当初他入行时才开始和银行做业务的人，现在已经是几百万身家的老板了。想想又觉得自己实在太蹉跎了，要抓紧时间去调研市场。

厦门有个电子城，那里的店铺生意好得惊人，“百度”一下就知道，每天人来人往热闹非凡。阿成想，店铺就定在这里了，接下去就是联系货源。

那么，卖什么呢？是和别人一样卖鼠标键盘，还是盗版光碟？或者是卖些创意小产品？思来想去，他决定来个折中的办法——什么都卖一点，这样，看什么好卖以后再调整。于是，他马不停蹄地赶往广州、东莞、义乌等地区采购原料。一个月后，柜台也租下来了，小店终于开张。

好的柜台历来是人满为患的，只租些角落柜台或者二楼的店面很难打开生意局面。可是，在阿成看来，人流决定一切，因此，再贵也要租好的柜台。在和商场交涉多次以后，他租下了一个商场中央的柜台，一个月1.2万元的租金。

进货时，光那些鼠标键盘、机箱、显示器等就花了七八万。装修时，柜台虽然不是很大，10平方米左右，但为了突出创意设计，也花了1万元左右。这样，开店的成本算下来总计13万元。

开业后的几天，阿成淹没在创业初的激情与初见规模的兴奋中。每天，上班早早来到柜台，听雇佣的小妹冲自己甜声喊着："刘总，早"。这时，人的虚荣心就会得到极大满足，仿佛自己比起银行处长也不逊色。前不久，自己不是还在这样点头哈腰地称呼自己的领导吗？

然而，现实的生意是残酷而真实的。除了偶尔会有一两个人来看看外，一个月下来也没卖出7000元的产品。

不过，阿成对困难是有估计的，他找朋友又借了10万元，准备多方拓展销路。接下来的一个月，经营并没有起色，反而越来越差。阿成开始心慌了，原因是他经过这两个月的经营，终于看出这行的"门道儿"来了。

首先，店面不是为创业而开的，而是为扩大经营或提升品牌质量而开的。同在一个商场经营的一些商友们在聊天时，对于阿成自己没有任何背景就投入到这个行业感到非常吃惊。同时阿成也发现，这些经营户的情况其实有一个共同点，就是店面销售并不是他们的主要收入来源。大部分人的收入都是靠外面的企业用户，而店面只是撑个场面而已，零售有多少算多少他们根本不在乎。主要是为了“面子”并兼有展厅的作用。

其次，经营的人各式各样，但无一不是在这个行当摸爬滚打多年，积累了丰富的厂家和客户资源后才开始经营的。他们的进货成本相对较低，产品出货量却非常大，当然，产品价格也非常具有竞争力。

还有就是，阿成自己的经营方针有着致命缺点，这就是不专一。电脑城就像个珊瑚礁，不是一家店就能把所有的电脑业务都能做下来。有的商户强项是显示器，有的是键盘、音响，有的是调制解调器，甚至有的就只能做网线和贴膜。阿成在闲逛时发现在楼上最顶层，很少人光顾的那层有个残疾人经营一个小小的店铺，他只做贴膜，就是笔记本贴膜那种。但是，整个电脑城，无论谁卖出去一台电脑、手机等，反正只要顾客想贴，一个电话他就下来。妙手如花，5分钟内，漂亮又工整，价格适中。一天平均要贴200张膜，每张平均20块，去掉成本一天赚1000元左右。人家店面租金几乎可以忽略，四楼啊，一般是用来做仓库的，可人家客户就是一个稳定！

阿成越来越坐不住了，他的店是什么都有，但什么都不专业。没有一项是可以和别人竞争的，却样样都输给别人。两个月过去了，总的营业额不超过1.5万元，连付店租都不够。

这个时候，阿成这个高材生的弱点开始显现。创业的豪情在现实的打击下烟消云散，辞掉了口口声声喊“刘总”的小妹。却因为拖欠工资再次遭到劳动监察的处罚，还好，女朋友四处借钱才平息了事端。

阿成开始回忆在银行的好处，整天懒洋洋地上班、上网、上厕所。做错事情，有领导批评，下了班，有同事可以蹲大排档，唱KTV。现在，对错自己知道。还要在QQ上留谎言，说自己赚了多少钱。也不敢和以前同事再见面，哪怕是最好的朋友。走路，要绕过交通银行，怕遇见以前的同事。好几次挤交公车遇到同事，人家都惊讶他富了还那么简朴。他只好强打笑脸说自己有更大的投资。一个谎言，只能用更大的谎言来圆。

苦撑半年，阿成把店铺转让出去了。算算下来，自己原来那10多万元存款赔光不算，还欠了10多万元债务。最糟糕的是他还为此荒废了一年的时光，这一年或许在上班时是无关紧要的一年。可就在这一年，他的前任领导离开银行去一家证券公司当老总，而和他同时入行的一位同事由于平时为人低调踏实，缺乏竞争对手，也顺理成章地被扶正当上了处长。

阿成坐在空空荡荡的出租屋，每天就是上网打游戏等女朋友回家煮饭吃。家人不敢见，同学不敢问，以前的同事也不敢走动。偶尔遇到以前的同事，还要继续编造那个“出来混，才能致富”的谎言。看着年轻的同事，这，不就是当年的自己吗?

点评与建议

阿成的创业经历可谓教训惨痛！阿成的故事，如今正在许多青年朋友的身上发生着。有积极心态是件好事，不安于现状也是奋起的动力，但请朋友们想想，自己适合创业吗？不要说“不试试怎么知道”，如果真这样想，就请把下面的文字看一遍，或许能给有这种“试试”想法的朋友一些参考。

第一，了解市场。

这是创业的第一步。对于市场，成功的商业精英曾总结过诸多名言警句。但对最初创业的人来说，这些格言式的句子并没有太多意义。市场是不断变化的，从实践中学到的东西才属于自己。创业者认清市场，才能明确项目的定位，确定经营范围与核心竞争力。对于投资新手来说，“不熟不做”是一条普遍法则。有的创业者对市场、行业情况一无所知，只知盲目跟风，等出现问题时又不知所措。

第二，认识自己。

“认识自己。”苏格拉底的这句箴言，对创业者来说有了更具体的含义。创业行为的根本还在于“创业者”本身。在我国，人们缺少的不是创业热情，而是理性。所以，在创业之前，一定要冷静下来想想，自己离预期目标有多远的距离，并结合自身的优势、劣势、拥有的资源等作出理性判断。把相关的东西都想透了，自主创业成功的几率就会大大增加。

把自己定位在常人位置上，思想一定要开放，乐于接受别人的意见。一定要意识到集体智慧的重要性，尤其是信息时代，这一点尤为重要。越是知识渊博的人，越谦虚谨慎，平易近人，虚怀若谷。任何人都有自己的独特之处，都有优点，要善于发现。自己的这些能力再加上自己的良好的品质及人格，就会成就独特的自己。

第三，磨炼洞察力。

不是任何事情都要去做了才知道结果，这只是年轻人和普通人的做法，我们现在已经是成年人了，无论知识和经验都已经积累了很多，那么重要的就是运用准确的判断力和预见力。信息时代，无时无刻不受到大量信息的冲击，如果都去应对，结果只能是疲惫不堪，毫无效果。要用大脑善于选择和提取、取舍。

决策意味着风险，一个正确的决策，精准的洞察力是决定性条件。如：选择了错误的时机；选择了错误的规模；选择了错误的合作伙伴，等等。最重要的一点，要时时刻刻去思考为什么，善于归纳总结，充分发挥大脑的思考作用。时时刻刻保持清醒头脑很重要，它能使创业者在任何情况下不变质。

创业模式不慎，导致全盘皆输

刚起步的公司最主要的创业模式要科学，那就是在不同的创意中取得突破，提升公司价值，然后产生新的创意、新的价值。如何产生并实现新的创意并延续公司的价值，是每一个公司尤其是刚起步的公司需要首先考虑的。

一般来讲，创业过程需要四步走：一是到工商部门注册立项，领取营业执照；二是对创业项目进行评估；三是制订创业计划；四是考虑竞争策略。假如其中有一项考虑不到位，就可能给创业带来意想不到的后果。南京市某大学的毕业生李昊就是一个例子。

李昊曾经因为第一个享受到南京市某大学就业相关优惠政策而名噪一时。2008年7月中旬，李昊从数字传媒专业毕业后，在人才市场找到了一份还算不错的工作。可是工作不久，发现所学的专业与实际工作有相当差距，于是萌生了自己创业的念头。

当李昊决定去创业，自己当老板的时候，他就一直在问自己一个问题：有足够的心理准备吗？当确定“有”以后，才开始走第一步。当时，最大的问题是启动资金，李昊征得母亲的同意，用自家住房卖了20万元作为第一笔启动资金，成立了南京市心梦科技有限公司，从事计算机培训和网上笔记本销售业务。

创业初期，李昊认为低价营销是竞争初期最有效的武器，他就把计算机培训课程价格定为半个月100元，学员每天可以上机练习，还免费获得一本教材。一开始反响不错，生源也很可观。很快，李昊的公司在南京计算机培训领域渐渐闯出了名气，不久还开办了一家分公司。除去成本赚的钱并不多，但他总算是看到了希望。

李昊要把心梦的品牌做出来，然后卖品牌，让别人来加盟。他最大的梦想是把心梦做成一个像新东方、环球雅思那样的知名培训连锁品牌，但梦想和现实往往有很大的差距。

当公司各项工作深入进行的时候，李昊发现自己开始有些掌握不了局面，各种细节上的差错会因为问题无法及时得到解决而迅速膨胀。比如笔记本销售业务，就出现了和快递公司物流协调上的一些问题，如提货地点、交货时间、售后服务，等等。

出了问题，顾客当然不会买账。李昊当时考虑这主要是因为公司没有一套行之有效的规范化管理体系。同样在培训业务中，要调配好每批学生和每个老师的课时、教学质量信息反馈等。当其中任何一个环节出现了问题，后面就会出现一连串的问题，这让李昊应接不暇。

李昊深深地感到，成本控制不力，是导致自己创业失败的重要原因。曾经有两次，一个很好的广告创意因为资金问题而被竞争对手抢走了。没有创业当然感受不到这些，现在自己做了老板，就必须考虑所有的细节。对于一个小公司来说，声誉一旦在业内坏了，以后就别想再吃这碗饭了。李昊以前可以眼都不眨一下花掉1000元钱买一些并不是很需要的东西，现在完全不行了。因为他也知道创业中一定要学会控制成本，否则，大量的开支会拖垮刚刚起步的公司。房租、电脑设备更新、水电费用、广告投入、教材成本、人力资源成本，等等，没有经验是很难做好的。以打电话为例，固话月租35元，为了控制这个成本，李昊全部改用了小灵通，这样每月可以节省不少钱。

还有一些更严重的问题李昊也意识到了，首先是前期市场调研不深不细。他发现工作中出现了一些和先前市场调研不一致的地方。李昊选择的地址在一个商业中心，原本是为了避开竞争，但南京市计算机市场主要集中在各大高校周围，而商业中心的房租成本过高。其次，南京市当时此类培训每门课的定价为200至350元左右，根据所选课程不同略有差异，但李昊的定价太低，无法满足资金需要。此行业的利润空间比较高，大概在20%至40%，而李昊的利润仅为5%。此外，李昊最初把生源定为在校学生和充电的白领，主要到校园和写字楼宣传。后来他发现生源很不稳定，问题的主要原因可能是宣传力度不够和离院校较远。

遗憾的是，当李昊意识到这些问题的时候，公司的业绩已经开始下滑。

点评与建议

李昊的故事说明，他没有准确定位自己的客户群，没有了解到客户的需要，由于他的培训公司没有颁发资格证书的权力，直接导致后续生源跟不上。再加上定价较低，没有充足的资金吸纳进来，造成了李昊的公司陷入困境。尽管李昊在努力解决发生的问题，但公司还是在各种矛盾和压力的交织中逐渐走了下坡路。

大学生创业的欲望相当高，但完全用自己的专业来创业的人并不多。导致大学生创业产生风险的原因有很多，具体表现在以下几个方面：一是对市场认知度低，对市场调研做得不充分；二是从细分市场中发现机会的能力不够；三是不懂商业基本规则；四是创业资源完全由父母提供，没有债务危机意识；五是为了创业而创业，在没有充分了解市场的情况下，选择了一些比较新奇、成熟度不高的行业。

对于大学生创业，专家认为，首次创业不要选择太大的项目，创业资金最好不要超过10万元。资金大，所要承受的心理压力和风险也大。其次，做项目之前要做详细的市场调研，对有些热门项目不要一哄而上，要充分了解市场，弄清楚同行的网点分布、定价、渠道、利润空间、资金回报周期等再做打算。再次，控制成本除了要节约以外，还要应用一些行之有效的管理手段，统筹安排，防止浪费。还有，对创业政策的理解要透彻，要预想各种可能发生的问题，比如怎样和政府部门沟通协调等。最后，大学生创业之初一定要对自己有一个清楚的认识，摆脱浮躁心理。

“不走寻常路”，积累经验很重要

每年总有为数不多的大学生选择创业。有的是为避开求职高峰另辟蹊径，有的则是怀着一种“不走寻常路”的思想。不管出于什么目的，都要经历创业的坎坷辛劳，也要经历创业的成功与失败。为何失败，为何成功，创业过程中要注意什么，这些都是即将毕业的大学生最关注的问题之一。

事实上，当代大学生普遍缺乏创业教育，如果毕业前没有在学校做过一些小生意，大部分人对于创业并无概念，对于进货渠道、如何撰写商业计划书、如何炒作宣传、亏损到多少应该进行止损，都没有明确的想法，即使是电子商务等专业的学生也仅仅接触到皮毛，没有系统的创业知识。由于教育体系中死记硬背的东西比较多，而调查的训练比较少，导致大学生创业很少经过细致的市场调查，不少人都是跟风创业，风险比较大。现在国家对大学生创业有一定的倾斜政策，比如有一些免税的政策，等等，可是大部分大学生创业者对此并不了解，会付出一些额外的成本。

当同龄人谋得一份工作并勤恳打工时，当这些“80后”、“90后”们纷纷努力成为“房奴”时，小严却产生了“不走寻常路”的想法，他说：“我不希望我的命运掌握在别人手里，我要把命运掌握在自己的手里，所以饿死也不打工。”因此从大学时代就开始创业，结果屡战屡败。

出身于山东山村，28岁的小严却有着异乎同龄人的成熟和敏锐，他常常会冒出与别人不同的想法。正是这种不同让他从上大学时就走上了与同龄人不同的路。大学入学时，因为家庭困难，他每天打扫教师办公室赚取一点生活费。生活的艰难让20岁的小严每天清晨就开始打工。这一段不同寻常的“打工史”令他既感激又感悟：“我不愿意一辈子打工”。

2001年，当别的同学或苦读或忙于游乐时，大学二年级的小严就有了创业的念头，并马上付诸行动。创业的路并不像想象中那样简单。他一开始开过家教班，后来又看中了大学校园的文具消费需求，经营起了文具批发，却因为合伙人解散而失败；后来又在某新开的商场经营饰品，但却因为财务问题而又以失败告终。

屡次创业失败，让小严明白了创业需要商业经验、资金、项目、团队，缺一不可。因此，小严暂时停止了创业，开始走上求职路，以求获得重新创业的时机。

毕业后，小严的求职路比创业路顺畅得多。他先到F市一家公司当经理，由于当时手下的人贪污受贿，他把仓库的采购权和经营权都收回，迅速开拓市场。在F市工作了三个月，小严就跳槽到广东省的某企业管理咨询有限公司，从最低级的电话接听员干起，一直做到部门经理。

这家企业管理咨询有限公司后与清华合作开办战略理财班，教企业总裁如何管理企业资金，小严做的是市场推广，那一段时间他像个“拼命三郎”一样，每天都睡不着觉，公司要求9时上班，他每天7时就到，头脑里琢磨的都是如何做好市场推广。

当公司的工作稳定下来，不安分的小严又开始琢磨起自己未实现的创业梦。他在一家超市开设流行饮品店，开始了自己的又一次创业。

为了创新经营方式，小严先与手机连锁店合作，在手机店门口摆放小推车销售饮品，只需每个月支出500元左右的合租租金，每天的利润可达150至200元。之后，他又与某凉茶连锁店合作，希望把这种小本经营推广到其广州数百家分店中。这一次小试牛刀后，他尝到了创业成功的快乐，还是决定走自己想走的路。其后，他又陆续创办了三家公司，其中的一家广州企业管理咨询有限公司，成为外资银行在中国内地的公关公司。另一家广州投资咨询有限公司，准备作为阳光私募基金的基地。另外一家广州绿色生命环保科技有限公司已引进目前国际上最先进的环保技术，用于中国内地的污水处理和空气质量改善。

当时正值广州的“亚运年”，当亚运会提出绿色亚运无烟亚运的理念时，敏锐的小严想到了一个“三赢”的方法，既可借助广州亚运会契机宣传企业和宣传绿色环保，又可以为亚运会尽一点力量。于是，小严引进了一种能有效吸收空气中40%至60%的尼古丁的环保产品。他向广州亚运会捐助价值200万人民币的空气净化环保产品，并将在亚运会举办期间无偿向所有广州市的餐馆、棋牌馆、KTV免费赠送这种空气净化产品。

“慷慨的企业者更容易被命运慷慨对待”，小严表示，自己的创业路还长，但他仍然坚信自己将走得更坦然，更不屈不挠。

点评与建议

小严的创业故事再次说明：大学生决定创业之前，应该多了解创业成功的案例，做好创业前的规划和心理准备；创业前应对自己想要涉足的市场做一些调查，避免跟风创业；要对创业政策进行一定的了解，充分利用政策给予的便利；避免单打独斗，尽量找一些合作伙伴抱团创业，既能互相支持，也能分散投资风险，早点找到适合进入的领域。

关于选择进入适合自己的领域，专家认为，由于刚毕业的大学生资金一般比较有限，很少有人能够拥有自己的厂房，因此更适合进入经销环节，低买高卖以获取利润。另一个方面，大学生可以利用思维敏锐、前卫的特点，卖自己的创意，比如经营活动策划公司、公关公司等。如果自己本来就有一技之长，比如DIY（自制）蛋糕、乒乓球等，也可以利用自己的技术开办培训班等。

凭感觉创业，必然带来失败

大学生自主创业的道路并非都是一帆风顺的，大部分充满坎坷与艰辛。一开始怀揣美好憧憬走上自主创业之路的许多大学毕业生，由于自身经历、经验、资金、知识层面等的先天不足，以及来自社会、家庭、政策等方面的压力和不完善，导致自主创业失败者很多。

下面，来看看这两位大学毕业生是如何在创业中凭感觉创业而导致失败的吧！

27岁的小A是学工科的，大学毕业后一直从事本专业的技术工作。而市场经济时代，社会变化很快，小A所从事的行业不景气，他总感觉到面临下岗失业的危险。可是，自己的年龄、专业在求职上没有任何优势，所以他不打算继续找工作，而是想自己做点什么。

小A所在公司上网很方便，时间也很充裕，于是他成天泡在网上寻找商机。网络上铺天盖地的加盟广告，每个项目他都觉得不错，都让他蠢蠢欲动，可是逛街时他发现，大部分的加盟店经营情况并不好，网上也有很多论坛说加盟陷阱太多，这让小A不敢贸然投入大量资金。

一个偶然的机会，小A在一个本地网站的二手市场上发现有人要转让一批饰品，出于好奇，小A跟那人联系问了问情况。起初他并没有想买，因为他觉得自己毕竟毫无这方面的经验。

谁知两天后那人又给小A打电话，热情地说让小A先看看货，碍于情面小A答应了。那人是一个很有气质也很精明的南方妇女。她说要出国，所以想把刚从广州精心挑来的饰品转让出去。据她介绍，做饰品利润非常高。非典时期利润是最少的时候，但就是那时，每月的纯利还有2000多元。南方妇女的说法很让小A动心。

小A随后又看了看她带来的样品。那些样品很精致，当然标价也很高。南方妇女说可以按照标价的二折转让给小A，这样的话无论怎么卖都不会赔钱。听了这话，小A真的动心了。可是，小A告诉她自己现在没有店铺。她听了以后又给小A推荐了两个地方，并说马上就要出国，要小A抓紧时间决定，还有别人也在跟她联系。

万事俱备，小A觉得上天可能在帮忙吧，什么事都这么顺利，注定自己要干这行了。小A马上接收下那批饰品并租下店面。

谁知，小A刚付完钱，一个原打算来帮忙的亲戚却通知小A说要准备考试，帮不了忙了。这是给小A的第一个打击，可是箭已在弦上，不得不发了。小A只能是硬着头皮走一步算一步。亲戚不来，大不了就是雇个人呗。

但是第二个打击随后就来了。在办进场手续的时候，商厦宣称二楼是服装商场，不能经营饰品。转租的时候房东和租户都告诉小A合同上写的是经营服饰，包括服装和饰品，而且当时也有其他人在经营饰品，小A就没有深究。现在管理人员告诉小A，他们正在清理那些不守规定的摊位。小A的心凉了一半，难道自己白交租金了吗？好多人劝小A先干着再说，反正现在还没管。小A想，租金已交，也只好这样了。

租房后正赶上小A去杭州出差，于是顺便采购了一些饰品，也采购了少量的睡衣、兜肚等，以防真的不让卖饰品自己无法应付。

小A回来已经是两周之后了。时间就是金钱！小A草草装修，把货物上柜。看着那些精美的货物，小A还是很有信心的。刚开始没有雇员，小A和女朋友就下了班轮流去，虽然辛苦点，但是能够做成生意还是很高兴的。白天的时候想到店里正关着门，心里就火烧火燎的，于是贴出了招聘广告。

两天后，就有人介绍了个小姑娘给小A。小A看了看，感觉小姑娘条件还不错，就雇佣了她。有了人小A觉得省心了，什么事都有人顶着，自己就是没事去抽查一下，看看缺货就去附近的批发市场上点货。在经营过程中，小A发现，总有人问店里没有的东西，比如指甲油、假睫毛、唇油、钥匙链等，应顾客需求，小A就都上了点。两个月下来一盘点，每个月都要亏损一二百元，小A认为生意刚开始也没有太介意。

谁知道，这个商厦的情况每况愈下，过了七八月份的旺季，顾客越来越少。这个商厦的开发商是地产商，他们在开盘时炒作得非常厉害，买商铺的人甚至连夜排队，然而商铺卖出后他们就不再宣传。商厦都开业半年了，附近住的人竟然还有不知道的。而且由于商铺大部分都卖给了个人，由业主进行出租，给管理上带来很大困难，到后来根本无法管理。另外，由于开始大家对商厦的期望值很高，租金也定得很高，相应的货物的价格就水涨船高，而附近居民的购买力和层次并不高。这也是造成人们望而却步的原因之一。

随着客流量日渐减少，商户的商品开始积压，大家情绪十分低落。一些商户在秋冬季还在卖夏天的衣服，有的商户干脆退场，有的商户没退场却也总是关着门，而开着门的商户又打牌、下棋，总之不务正业。

商场的这种情况使客流量更加稀少，如此形成恶性循环。到后来，商场的摊位租金降到300元，可是小A赔钱赔得更厉害了。这时，小A连销售员都雇不起了，因为雇人比关着门还要赔钱。

商厦此时门可罗雀，成天空荡荡的，只有几个摊主在聊天。在这种情况下，就是想赔钱甩货都没有人搭理。合同到期后，90%的商户已经撤场。小A也无法再继续支持下去，只得带着一堆货物收场。

这场生意小A支持了半年，赔掉了几千元钱。到现在，小A的手里还剩下一堆精美的但已经过时的饰品。下面要做的事情就是收拾残局，以及做下一步打算。本来还是有信心接着去创业的，可是资金用光了，所以即使要创业，也只能空谈了。现在的出路有两个：一是筹集资金继续干下去；二是找工作，给人家打工。继续也好，打工也罢，小A认为人活着总要有理想有目标，而坚持不懈是硬道理。小A希望未来的路能够更加顺利。

小B的创业故事可以用这样一段话来概括：毕业了，找工作了，找到了，工作了，不顺心了，换了，工作太累了，辞了，终于进行现在的创业了，结果，失败啦！

其实，在原来的工作辞职前，26岁的小B就想好了，这次一定要自己做生意。所以在那个时候就开始准备要创业。做什么好呢？工艺品，听说有些市场还是不错的，而且也和朋友交流了一下，感觉这个市场对于初次创业的人来说应该是很容易进入的。

开始选择产品，小B最终选定了一种手机挂件，通过网络查询以及市场考察发现，网络售价在10元左右，而小B所在的W市的市场还是空白。不错，就选择它吧，联系了上海的一个生产厂家，进货价2元左右，看来这个利润空间还是很大的。

小B之所以选择工艺品，是因为工艺品一般无保质期风险，无售后维修问题，可略长压货，社会背景就是生活水平提高，学生也越来越时尚。选择学生做销售对象，是因为学生的消费水平在逐步提高，特别是女生对新鲜事物的接受力比较强，他们的消费还是凭感觉消费，而理性消费较差。建立学生销售代理渠道的原因，是因为自己初次创业，对社会还不是很了解，不过了解一点，那就是社会上企业之间的压货款现象普遍存在，小B本身资金不足，如果遇到压货款问题就无法继续。所以小B放弃了店铺铺货的做法，选择学生做代理。小B免费给学生铺货，是因为学生本身很少有钱，即使有钱也很少敢拿出来投资，所以决定免费先为他们铺货，他们销售了产品后，结算成本，其余的都归他们自己。

小B开始做市场。第一步，小B做W市代理，通过W市各学校的学生代表进行销售，销售对象当然是大中专院校的在校学生。第二步，发布网络广告，到各大学生俱乐部进行登记寻找各个学校的学生代表。第三步，边面试学生，边铺货。同时和学生交流销售中遇到的问题。小B这次进货200件，每个学生留了二三十件，所以有七八个学校就分完了货。

为了使学生更好地学习，小B采取了一系列有利于他们的措施，比如，他亲自去学校找他们，给他们亲自送货，不收他们的押金和定金，考虑他们的时间，所以也没有给他们定量，如果产品出现质量问题可完全退回来，如果不好做就说一声，自己再去把货取回来，他们不用任何负担。

但是这么好的政策，到了学生们那里，反而成了他们不去销售的最好的理由。其中有一个学生，小B第一次去找他，他当面就想跟小B谈创业的想法。小B没说什么，最后给了他20件产品，没想到这个学生晚上就给小B打电话说不做了，说因为一件也卖不出去，太打击他的自信心了。学生认为小B的定价有点失误，小B说如果下降到5元怎么样，学生说不试，不想做了。就这样，第二天小B去学校把产品取回来，来回浪费了20元车费，却一分钱都没赚到！

然而，经过一个多星期的销售，小B彻底失望了，因为他的200件产品只销售了10个，这里面还包括他自己销售的4个。没办法，小B把售价降到了4元，效果依然不好。小B辛辛苦苦跑了好几次W市，换回来的竟然是这点成果。看来，自己下面要做的，就是收回全部产品，狼狈退出了。

点评与建议

创业要审时度势，见好就收。如果是自己无法控制的原因造成经营不好，马上止损撤退另谋高就，或许还能避免更大损失。专家提醒充满激情准备创业的大学生：

一是千万不要凭感觉做事，应该对产品本身和市场做充分的调查，因此选择项目一定要谨慎，尤其是涉足自己不了解的行业，最好有行家指导，要多做调查研究。

二是要了解消费者。现在的一些消费者确实是非理性消费，但是，也并不是盲目的非理性，他们可以买他们任何想买的东西，只要他们喜欢。但如果他们缺少兴趣，那他肯定不会买。所以，在产品非时尚的时候，想吸引他们的注意力，还是要下一番功夫的。

三是做买卖最重要的是选址。要仔细考察地理位置，还要考察客流量以及附近居民的购买能力，还有一点，就是考察物业的管理能力，千万不能租那种产权和经营权都出售给个人的商铺。如果一个地方同时有很多商铺转让，一定不能租。

四是开始上货不要求全求多，再全也会有人需要你没有的东西，而上太多的货就会占压资金，而且货物太全还会形成杂乱的感觉。

五是创业不是容易的事，不是雇个人干就能赚钱，至少在先期要付出很多的精力和时间，因此兼职创业要有足够的时间和自由度才能考虑。

经验欠缺，导致黯然收兵

2009年9月15日，S市世贸商城6楼G20展厅。阿勇和他的创业伙伴姚义花了两个多小时，将电脑、打印机、传真机、办公桌及不少五颜六色的化纤面料搬到了自己租住的宿舍里，离开了这个曾经撒下自己第一颗创业种子的地方。

阿勇毕业于某大学企业管理系。一个偶然的机会，在与同学姚义聊天时，他得知姚义家在江苏吴江，父母都做化纤面料生意。姚义还说，吴江是中国化纤面料的重要生产基地，许多S市的客户都到那里进货。阿勇心里不由一动，说道："如果在S市做化纤面料的中介生意，一定能赚钱。"两人谈得投机，便开始规划起创业的具体细节来：阿勇扎根S市，寻找客户，承接订单；姚义长驻吴江，负责解决供货渠道问题。姚义说，创业前期所需的资金可以请他的父母帮助解决。

他们的创业目的很明确，一来给将来打基础，二来赚点钱。阿勇的目标是希望能在35岁前积累足够的资本，然后做自己最想做的事业——影视制片人。光靠有限的工资收入，一辈子恐怕无法圆这个梦。

2009年春节前，他们在世贸商城找到一个30平方米的展厅，房租按甲级写字楼的标准收，每月4100多元，加上电费、电话费和日常开支，月支出在八九千元上下，前期固定资产投资和小装修需要2万元。阿勇把自己仅有的5000元都拿出来，大部分投资靠姚义家里支援。他们初步确定，如果业务发展顺利，到年底，两个人的股权按30%和70%分配。想好了新公司的名称，但他们没急着注册，暂时打理姚义父亲在吴江注册的公司牌子。姚义的父母答应支持他们一年，公司所需的费用，每月结算后找姚义的父亲报销。

春节，阿勇回家跟父母提起创业的事，家里坚决反对。父亲以前做电器生意吃过亏，劝他打消这个念头，但阿勇很坚决。初五，他就离家直奔S市。

适逢世贸商城有个一年一度的面料展示会，两人都觉得机不可失，花4000元租了块4平方米左右的展区，开始搭建展台。从收集布料到展览布置，他们都自己动手，刚布置完，再看人家的展台，产品种类多达百种，姚义立即赶回吴江，又收集了几十种布料，凑足100种，两人心里才踏实下来。

三天展览会，真是热闹，每天都有上百个客商来展台咨询。阿勇和姚义忙得不亦乐乎，名片发了几百张，也收了几百张，其中有海外的订货商，也有本地的中间商，两人都很兴奋，仿佛才打开窗户，就有阳光射进来，照出光明的前景。

2010年3月6日，展览会一结束，他们就正式搬进了世贸商城开始创业生涯。阿勇每天的工作都很忙碌，他把展览会上收集到的名片输入电脑，做成数据库。借着展会的后续效应，每天都有十几个客户打电话或上门找他们谈业务，他又忙着收集客户的需求，接收样布，记录样布的规格、密度、材质等详细数据，用最快的速度把资料邮寄到吴江，等姚义提供价格信息。与商城内竞争对手的产品相比，阿勇自认为他们提供的产品质量有保证、价格合理，应该很具有竞争力。

但是，匆匆忙忙地过了一个多月，阿勇察觉到事情有些不对劲。每天都有客户来咨询，要求提供样品或报价，但他们拿了资料和报价后就绝少再有回音。眼看着客户们都像悬在半空中的气球，看得见摸不着，没一个落地签订单的，阿勇着急起来。

得知此事，姚义的父母帮他们分析了原因：化纤面料这个行业情况很复杂，发展到现在，国内外厂商和供应商之间的关系相对稳定。因此，产品质量好、价格低未必能争取到客户。他们是小公司，人家没跟他们长时间打过交道，对他们监控产品质量或大规模供货的实力不够信任。阿勇细想后，也看出了其中的某些原委。许多客户向他们咨询，并非真有订货意向。拿他们的报价资料，如果比原来的供货商价格低，就有理由要求降价，如果低不了很多，一般不会轻易改变合作关系。

阿勇也想过变被动等人上门为主动上门洽谈，以增加跟客户直接沟通。他试着在外面跑过两天，找服装工厂，但因为无的放矢，效果很差，加上公司就他一个人，也不太方便走开。他还草拟过一个销售计划，想招点业务员，但由于要增加投入，姚义的父母没同意，只好作罢。

两个多月一晃就过去了，公司滴米未进，阿勇心急如焚。五一节前夕，事情突然有了转机。一天，他接到湖北赤壁某外贸公司的传真，说需要一种布料，如符合要求，可以签下高达150多万元的订货合同。几次的传真和电话联系后，对方约阿勇节前去趟赤壁。阿勇欣喜若狂——如果能做成这笔生意，起码能挣30万。

一路颠簸到了赤壁，与他电话联系的副总到车站接他，这位副总50岁上下，看上去态度温和。阿勇有点奇怪——那位副总不是开着公司的车，而是打车把他送到了宾馆。

根据“行规”，签合同前要有所表示，阿勇提出晚上请客，这顿饭花掉了他2000多元。吃饭的间隙，那个副总还把他偷偷叫出去，希望他再意思意思，买点烟做礼物。阿勇爽快地答应了，买了800元左右的香烟送给他们。第二天，阿勇到那家外贸公司签合同。那家公司的办公场所看起来比较简陋，好在公司的手续、执照还齐全。阿勇没多想，签好合同盖完章，约好五一过完便付30%的订金。

买不到直接回S市的车票，阿勇只好先去了浙江金华。路上，阿勇睡得很沉。凌晨4时多，火车快到金华站，阿勇才发现装在西装口袋里的钱包不翼而飞，1000多元的现金和全部有效证件被偷。虽然出差一趟花了7000多元，又丢了1000多元，但想想这笔生意的利润，阿勇心里还是喜滋滋的。

5月8日，节后上班的第一天，阿勇给赤壁打电话，那头说“订金今天就打过来”。等到快下班时，银行里还没见钱进来，他再给赤壁挂电话，打到公司没人接，打那个副总的手机，却说那号码已停机。阿勇马上有一种不祥的感觉。第二天上午和下午连着打电话，都没人接，他感觉可能上当了，但还不死心，第三天再打电话，还是没有人接，才不得不接受现实——碰上了骗子！

出发前，姚义的父母曾经告诫过，这可能是个骗局，但他们当时都没在意，花那么多精力把阿勇骗去，就为了吃顿饭，拿点好处，世上竟然有这种事！事后好几天，阿勇都没缓过神来。

赤壁受骗后，姚义家里对他们支持的热情越来越低了。

阿勇改变了工作策略，不再有求必应，而是先跟客户充分沟通，有所选择地提供报价。6月初，阿勇总算吃到了创业后的第一只螃蟹，螃蟹虽小，但味道不错——上海一家服装贸易公司从他们那进了一批“尼丝纺”布料，合同金额1万多元，利润1000元出头，紧接着，又陆续签了几笔业务，都是小单子，赚了两三千元。

7月中旬，有个台湾老板来跟阿勇接洽。这个台湾人每个月需要两到三个集装箱的布料，40万米左右。每米能赚5分到1角，利润低，但量大，如果谈成，每个月有2至3万元的收入，阿勇很看重这笔单子，心想着，再熬一段时间就会走出低谷。

没想到，8月中旬，姚义从吴江打来电话，说家里不支持他们创业了。那一刻，阿勇感觉自己就像好不容易滑翔上天的风筝，突然迎头直跌下来。他很希望能够再拖一拖，等手头几个正在谈的单子敲定，但考虑到粮草已断，再坚持也是枉费精力。决定不做之后，台湾老板还打电话过来，表示想去吴江看看货。阿勇直言相告，他们已经不做了，那老板颇觉可惜。

刚起航的创业航船，没行多久就这样触礁搁浅了。

点评与建议

阿勇和姚义创业失败的经历告诉我们，大学生创业在资金、专业技术、管理经验、实践经验等方面还很欠缺。要想获得创业成功，就必须掌握大量的知识。那么，大学生创业应该如何弥补经验不足呢?途径有以下几种：

第一，通过大学社团得到实践锻炼。

在校期间，积极参与社团组织的全局活动，切身体验全局活动的全过程，可锻炼组织、协作、资源利用等能力。

第二，利用大学课余和寒暑假打工。

现在社会留给学生的打工机会很多，利用打工可充分锻炼自己的综合能力。例如做销售，在此过程中，大学生可以观察消费者的消费能力、消费观点、对公司产品及市场相关产品的评价等，掌握市场消息、预测市场需求、洞察市场空白，以市场指导生产。要努力在工作中寻找自己的感觉，看自己是否具备当老板的潜质，如果有，不妨一试，如果没有，不必强迫自己。

第三，毕业后在企业实际锻炼。

在企业里，要想独立创业，就要善于发现全新的创业点子，或在所在企业市场空白处找到创业契机，或自己组建的团队高于所在企业的团队，那么独立创业才会有成功的把握。要从师他人，先当学徒，后当老板，在处理各种业务过程中，逐步积累经验，建立人脉关系，水到渠成后再另起炉灶，这也是很多成功者的经验。

第四，从小规模做起。

多数学生能力欠缺，所以首先要从小事做起，成本少，风险小，不至于欠一身债。

综上所述，要做成功一个项目，没有实践经验就没必要盲目尝试，更没必要在人生独立之初就先体验重大失败。

知识缺乏，使创业计划流产

创业，这条充满挑战的生存之路，正在受到待业大学生越来越多的关注，对于激情昂扬的大学生们来说，创业可以说是一条不错的选择。但是，除了创业资金的问题之外，对创业知识的匮乏同样也在困扰着等待创业的大学生们。尤其是在争取投资者的过程中，基于丰富知识的表述能力，将直接关系到融资的成败。

毕业后不久，余志和一些朋友开始经营一家媒体公司。他们用了几周的时间策划经营内容，撰写商业报告，然后开始寻求资金。很快，余志的团队得到一个机会：和一位知名的投资者坐在一起讨论融资的可能性。

余志他们都很自信，认为即使生意还没开始赚钱，但自己这个队伍中也有曾经担任过CEO职位的。再者说，毕竟余志他们已经预计过公司融资以后的毛利润可以达到2亿元。余志说："投资者一定不会拒绝我们的要求，我们肯定会富有的！我们所需要做的就是筹集到一笔小小的1500万元资金！"几个人摩拳擦掌，跃跃欲试。

但是，余志他们在撰写商业计划时有个小小的问题：几个人谁也不知道怎样措辞才能迎合投资者。在这种情况下，余志他们做了任何没有线索的企业家都会做的事情：上网查"怎样迎合投资者"。可在网上没有看到任何对于他们有帮助的信息。余志感觉到，他们的演说可能要失败。

总算把计划书凑成了，讨论开始了，4名投资者坐在会议室的圆桌旁。在听了余志的基本情况介绍后，其中一个投资者让余志给他一页计划简介。余志他们当时没有准备计划简介，所以余志就从长达95页的计划书里面抽出了前11页。然后，余志开始放幻灯片，自己配以解说。

幻灯片余志还没放到第4页，第二位投资者就打断余志问："好的，停下来，停下来。我懂了。你完全不需要这1500万元。"

为了融资计划，余志自信地辩解道："这个利润如果少了这笔钱就不能实现。"

"真的吗？不能实现？"这个投资者就像一个嘲笑者笑着反问。

随后，又有两个投资者同时提出一大堆问题："你们自己投入了多少钱到这个公司里？差不多有1500万元吗？""我为什么要给20个人工资，为什么要给没有记录的高管10万元的高薪？""到今天为止你的公司赢利多少？""在你的公司还没有赚到1500万元的时候我为什么给要你1500万元？""你怎么证明你在第三年就可以有2亿元的毛利润？""为什么你们要同时生产和销售10种产品？"问题一个接着一个，没有一个问题是持赞成态度的。

这场融资洽谈会的结果可想而知。余志后来才意识到这是他们比较青涩的职业生涯造成的。他们在这场30分钟的会议里学到了真实世界的融资问题，比很多创业者一生学到的还要多！

为了纪念这一天，余志总结了解决融资失败六条珍贵教训：

一是废话越少越好。目的明确直截了当很重要。累赘的演说和冗长的解释将不会打动投资者，还很可能把他们吓走。用简短、动人、精确的方式来展现商业计划书。投资者需要知道创建的公司会吸引客户并留住客户。如果投资者在较短时间内无法理解创建公司的经营理念，他们可能会假设顾客也不会理解。

二是杜绝猜测。执行，执行，执行！用事实而不是猜想来激发创业者的自信。大多数投资者寻找低风险类的企业，他们青睐那些可以尽可能给他们承诺的实战经理人。一个拥有现金流，商业操作记录和真实经验的公司往往比那些在计划书中预计给投资者巨额回报的公司更容易融到资金。寻找一个只用少量或者不用资金的方法来测试创业的公司是否可以生存，然后寻找资金前把这个点转化成功能性的商业计划。

三是避免大话、空话。让投资者对创业者描述的蓝图激动起来，但是这个蓝图要合理可行。如果描述毫无意义的财政预算并鼓吹公司利润在三年时间里可以从10万元增加到5000万元，那么受尊敬的投资者是不会认真对待这种项目的。给投资者展示根据现实构建的三种财政预算方案，即最好的方案、一般的方案和最差的方案。通过对产业和竞争对手过去和现在的数据分析，提出切实可行的应对措施和防御方案。

四是完善市场策略、销售策略和运营程序。要证明创业者可以创造、管理好一个单一商品并且让消费者满意。展示出创业者的公司在表态之前就已经发展到下一个阶段。投资者喜欢创业者的公司拥有可持续发展的分步骤计划，这样的模式可以让公司发展呈指数成长。

五是建立一支可信任的专家队伍。世界上最聪明的领导者是那些周围充满智慧的人。投资者投资一支管理团队和他们投资一个商机所花的钱是相同的。

点评与建议

余志融资失败的教训又一次说明：许多创业者无法把自己的创意准确而清晰地表达出来，缺少个性化的信息传递，一些计划甚至是不知所云。在看似是语言表达能力欠缺的背后，反映的则是创业者缺乏对创业所需各种知识的准确理解。如不知道如何写商业计划书；对目标市场和竞争对手情况缺乏了解，分析时所采用的数据经不起推敲，没有说服力；相当多的计划书价格取向不明确，没有指明计划会给用户和市场创造什么样的价值，或用户为什么会购买他们的产品和服务，以及企业将如何赢利和保证正常运营；一些计划书虽有很好的创业思路，但其可操作性却经不起推敲。这些无一不反映大学生在创业方面知识的缺乏。

一个有涵养的人，吸引人的是他人的智慧和其深邃的思想品德，而不是外表和形式。

那么，当创业者面对潜在的客户和投资者提问的时候，应该如何表述自己的创业想法呢？

第一，言简意赅。

创业者可以抛弃所有的商务礼仪，可以抢别人的话，可以迟到、可以衣着随便、可以有严重的方言口音。但是，说话不能不“言简意赅”！

时间很宝贵，大家都很忙。如果几句话就能把自己的项目说清楚，听众会很感兴趣。在这种关键的场合，不能让自己的语言有那么多的冗余，要崇尚一种“惜字如金”的风格。

这方面，在操作的时候可以使用几点技巧来帮忙：

一是介绍时你必须会做适当的停顿，这就好像写完一段代码之后多打几个回车，就可以让自己的发言避免铺天盖地和缺乏边界。

二是不能因为对某件事情太过熟悉，从而认为它对听众也是不言自明的东西。必要的概念和名词，请跟一句解释，只要有一句就可以，就像在代码里加入简短的注释。

三是不能低估听众的智商，在大家已知的内容范畴内喋喋不休浪费时间。每一次发言之前，都要对听众的水平做一个基本判断，看看说什么他们刚好可以听懂。

第二，足够的热情。

热情是必要的，它是推动辛苦努力的最大动力。还有一个重要的事实：听众非常容易察觉出创业者是否有热情。之所以说热情，就是因为它是创业者说话魅力的重要组成部分，会增强创业者的感染力。

怎么样才能有热情？这里给一个小技巧：在通常的商务演说场

合，教练和培训师通常会提醒，不要频繁以“我”作为句子的主语，那样会让听众觉得创业者自大甚至自私。但是，在商务演说场合截然不同，创业者就是要表达自己的东西，要向听众介绍：为什么要做这件事？为什么可以做成这件事？为什么要请投资者投资？所以，不要羞于谈自己。要说出自己的感受，可以说得带点隐私。

第三，内在的力量。

力量，不是指要用多大的音量。吼叫可能很无力，喃喃之语可以震撼人。作为一个技术创业者，面对的投资者是什么样的人？那些人当中，有些人年龄是比创业者大，社会经验比创业者丰富，世面比创业者见得多，手里的钱比创业者多得多，但对技术的理解，恰恰是他们的弱项，而技术上的强项才是创业成功的关键。那么，就要充分利用技术上的强项说话，这样才能爆发出对投资者具有震动的力量。

1983年，苹果公司在乔布斯的带领下快速成长，公司特别需要一个经验丰富的人来管理。乔布斯找到了在百事可乐的总裁约翰·斯卡利。斯卡利比乔布斯大几岁，他一点也不愿意放弃大公司老板的光环。很明显，斯卡利认为，自己放下身段，去一家由嬉皮士开创的、疯癫大胆的新技术公司——苹果（1983年的时候苹果还不是什么大公司），不是什么明智的选择。乔布斯的确是个大胆的无赖。那个傍晚，乔布斯发现还是无法说动斯卡利，就朝着窗外日落时分的美景，和旁边的斯卡利说了一句话，这句话成了业界的经典：“你真的想用下半辈子卖糖水吗？还是你想改变这个世界？”这是现代商业史上最有名的挑衅之举，这是一种蔑视，也是一种恭维。这个问题直击斯卡利的灵魂核心，深深地震动了他，害得他烦恼了好几天。到最后，他不得不接受乔布斯的邀请。由此可见，可以说出惊人之语，但是，绝不可以乖戾和武断。

贸然进入，餐饮经营惨遭失败

在中国，每天都有上万家饭店酒楼开业，也有上万家饭店酒楼关门，几乎每一家开业的老板都对自己的饭店酒楼抱有美好的憧憬，但很多实际经营中却大相径庭。导致创业失败的原因只有一个：没人需要饭店酒楼做的餐饮产品。如果饭店酒楼做的餐饮产品是用户需要的，那么这个饭店酒楼应该能够生存下去，其他的问题都无关紧要。但如果饭店酒楼做的餐饮产品不符合用户的需求，那么这个饭店酒楼死定了，任何事都改变不了这个结局。在下面这个故事中，主人公胡俊从搞网络创意转向主打餐饮，他最终的惨败就是个证明。

胡俊上大学时虽然学的是机械设计专业，但根据自己的兴趣组织和参与了很多当地企业的市场策划和推广活动。2000年初网络经济正炙手可热时，胡俊正好大学毕业，进入松下电器市场部。当时网络界盛传仅凭创意就能获得数百万美元风险投资的神话，为了实现创业梦想，胡俊毅然放弃工作，怀揣2000元钱和非凡的创意来到B市，准备和朋友创办一家网络公司。

但是2000年7月份时网络业已危机四伏，风险投资商纷纷紧缩银根。还有一个十分致命的原因，胡俊所谓的创业团队核心就两个人，都是创意丰富、但对技术一窍不通的市场派，团队的两个重量级人物是经朋友介绍的两个北大MBA，就靠这样拼凑的团队去找风险投资，完全是当时的敢闯、敢于尝试的想法使然。后来网络大势已去，胡俊只好又到一家西餐公司就职。但是工作一年后，胡俊即愤然辞职，一方面是不满其家族式管理，员工处处受气，另一方面经过一年的认真观察，他初步了解了公司的整个运作流程和管理技巧，感觉时机已经成熟，决定二次创业开办自己的西餐厅。

2002年3月，胡俊和另一位合作伙伴经过认真探讨达成共识，西餐是餐饮业中的朝阳行业，其拳头产品比萨的市场前景更是十分诱人，必胜客、达美乐等世界著名品牌纷纷进军中国市场，而经营最成功的就是百事集团旗下的必胜客，几乎开一家火一家。根据市场竞争态势，胡俊他们将自身定位于中高档西餐厅，让更多的人吃到价廉物美的地道比萨。经过分析后，胡俊他们更加坚定了决心，立即满怀激情地行动起来。

万事开头难，首先要解决的是资金问题，胡俊开始向所有能想得起来的，甚至很久没有联系的大学同学、亲戚、朋友等兜售创业计划和借钱，但是每一次他的幻想都被现实击得粉碎。经过整整两个月时间，依然毫无进展，胡俊他们都非常沮丧，信心几乎丧失殆尽。

“山重水复疑无路，柳暗花明又一村”，就在他们极度迷茫、进退两难时，胡俊的一位想都想不起来的亲戚却主动向他伸出援手，亲戚的投资理念是“投资就是投人”，他认可胡俊的为人、能力和西餐厅项目，最终以高出银行几倍利率的代价一次性融到30万元。餐厅经营成功的首要因素是地段，资金问题解决后，胡俊他们立刻开始到处选址，经过详细实地勘察和对比，他们选择了一个紧邻好几所大学、人流量大的好地段，并和房东签订了长达七年的房屋租赁协议，餐厅的使用面积为260平方米，每年房租20多万元，按季度支付。

顾客到西餐厅就餐讲究环境和情调，因此装修时胡俊完全按照高档次装修，尽可能选用高档次的装修材料，仅一面6平方米的墙面瓷砖就花去一万多。由于装饰设计公司提供的装修方案要价太高，他们决定自行设计装修方案再找装修公司施工。按自己的设计方案完成装修后，整体效果还不错，但是有些局部则显得与整体不太协调。整个装修工程总计投入15万元，加上房租、购买设备、原材料的支出等，开业前他们账面上的现金只剩区区几万元。但是他们都信心十足，坚信开业后生意一定会非常火爆，因此根本没把初期固定投资过大的事放在心上。

2002年8月底，胡俊他们的西餐厅正式开业，大家满怀激情地说："对我们来说，开店成功就是胜利！"事实证明这绝对是个错误的想法。因为开业成功只是万里长征走完了第一步，真正的考验还在后面。

餐厅开业当天由于前期宣传和促销到位，生意十分红火，由于刚培训完的服务员经验不足，人一多就手忙脚乱，后厨也乱作一团，胡俊则成为"灭火器"，哪里出现紧急状况就扑向哪里，一直忙到夜里12时多餐厅才打烊。虽然当天流水就达到8000多元，但却与创业前的期望值相差甚远，因此他们都比较失望。同时，胡俊的心里还有一种隐隐的担忧。

很快，胡俊的担忧就成为现实。虽然他们大力加强了对员工的岗位培训，以便为顾客提供更好的食品和服务，但不到两周时间，顾客的新鲜劲儿一过，餐厅的顾客数量就大幅度减少，流水则随后滑落到两三千元，而2500元是他们计算出的盈亏平衡点，形势不容乐观。另外，高潮退去后他们才发现，所谓的好地段，一方面停车位很少，就餐顾客想要停车就餐比较麻烦，而他们的消费群体又绝大多数是有车族；另一方面，餐厅的大门正对着一条公路，而消费者习惯的行走路线是沿着公路另一侧走，他们餐厅所在的整个楼成为"孤岛"，人流量再大他们也只能望洋兴叹。

面对异常严峻的形势，胡俊他们依然斗志昂扬，很快洋洋洒洒的策划宣传方案就出台了，但执行时却遇到意想不到的困难——没有合适的宣传媒体。胡俊以前都是让宝洁公司做策划，由于大公司具有规模优势和遍布全国的销售网，因此再高的广告费也会被数量惊人的批量产品彻底摊薄。而对于他们这样一家西餐厅来说，发行量大的报纸广告的成本太高，餐厅所在的区域城管查得又特别严，连在餐厅门口发宣传彩页都屡次被抓、被罚款。

胡俊的合作伙伴建议在餐厅门口的公路边像麦当劳、肯德基一样立一个巨大的灯箱广告。虽然胡俊对灯箱广告的效果将信将疑，但是情势所迫也没想出更好的办法来，就拍板拿出几万元做灯箱。灯箱广告立起来了，顾客虽然有所增加，但是和几万元的高额广告费相比却得不偿失。

不久，他们就发现了更实用、成本更低的广告形式——传单+优惠券，批量印刷的每张成本还不到1毛钱，雇几个人到周边的小区、商场和超市采用各种形式发放，效果要好得多。但是几万元的广告学费已经交上去了，而且当时的资金状况也很紧张。

转眼间进入2002年12月，圣诞节的温馨已经开始在寒冷的冬天弥漫，他们决定抓住难得的机会打一个漂亮的翻身仗。光靠12月24日“平安夜”一天赚钱肯定不行，而且餐厅接待能力有限，顾客太多反而不能享受到高水平的服务。

因此，为分流“平安夜”集中就餐的顾客，尤其是附近高校的大学生，他们策划了“圣诞狂欢美食月”活动，12月的四个星期分别推出韩国料理、巴西烤肉、圣诞火鸡和“沙拉也疯狂”的四大主题活动，每个主题活动期间店面都装饰很多相应的装饰品，营造出浪漫的异国情调，同时邀请老外来活跃现场气氛。

他们的创意和努力获得丰厚的回报，顾客数量激增，而他们也成功地把本来只有“平安夜”一天大赚其钱的情况变成“天天都是圣诞节”的整月持续性盈利。12月“圣诞狂欢美食月”，成为胡俊他们创业史上最辉煌的、最成功的时期，大家真正体会到创业的乐趣和成功的喜悦，12月的成功重新激发了大家的斗志和信心，激励着大家去创造更伟大的辉煌。

当胡俊他们依然沉浸在12月的辉煌和喜悦中时，2003年1月经营情况再次急转直下。原来是附近高校的大学生放寒假，几乎全都回家了。他们被迫再次鼓足干劲迎接市场的挑战。

就这样，胡俊的创业路一路磕磕绊绊，艰难前行。而2003年4月造成全国性恐慌的非典却带来致命的一击，整个餐饮市场陷入极度萧条状态，连续几个月时间几乎没有任何生意，房租的压力把胡俊他们压的几乎透不过气来。那段时间是胡俊创业史上最黑暗、最无助的时期。胡俊不仅要忍受内心地狱般的煎熬，还要忍受来自方方面面的巨大压力，由于事发突然，刚刚进的一大批数万元的食品原材料都烂在冰箱里，由于突然失去收入来源，很多供货商账期还没到就开始堵着门讨债，生怕胡俊哪一天坚持不住偷偷溜掉。

俗话说“祸不单行”，好不容易熬过非典，2003年9月，正当胡俊准备重新重整旗鼓、续写创业的人生时，另一个阴谋所带来的致命打击却让胡俊真正懂得了什么叫作“人心叵测”。

2002年餐厅装修完工时，按照装修合同的保修条款，装修总金额的5%作为装修尾款，一年后如果装修无重大质量问题，则如数支付。除尾款外前面的十几万元装修款是分五次支付的，每次支付胡俊都会保留对方当面手写的收据作为凭证。然而天有不测风云，由于一次胡俊的公文包意外遗失，装修合同连同第二次付款的收据和其他很多重要文件都没了踪影，当时由于事情非常多，也没顾得上细思量。结果一年后的9月份对方来要钱时，居然狮子大开口说除7500元尾款外还有3万元没付，这一下就将了胡俊的“军”。起初胡俊十分镇定地拿出每次付款时间和金额的记录本给对方看，算清楚只剩尾款，但对方显然有备而来，当面就让胡俊拿出所有的收据核对。对于这样的无理要求胡俊断然拒绝，对方扬言一周内不还钱就要起诉。胡俊特地咨询了律师，但律师的回答却让他如履薄冰，收据丢失如果当时挂失或向公安局申报都有可能成为法律证据，但事隔一年已经无药可救了。

对于这种卑鄙小人，胡俊坚持不支付那3万元。随着双方矛盾的激化，最终走上法庭，没有什么唇枪舌剑，法庭就判胡俊败诉。由于当时刚刚经历非典的阵痛，现在又面临法庭的“查封威胁”，胡俊几乎快要崩溃了，走路时身子都在摇晃，精神也恍恍惚惚。想到信任自己、给自己投资的亲戚，想到与自己同甘共苦的员工们，想到养育自己的父母，现在这个状况，怎么还有脸面去面对他们，那时候，胡俊真的想死，非常非常想……

接下来，公安局、法院，成为经常邀请胡俊光顾的地方，当然有时候人家并不那么礼貌，即使很多顾客在餐厅就餐，人家也会把警车停在门口，然后长驱直入……最终经过法院协调，胡俊无可奈何地多支付了一笔钱彻底了结此事。此时，胡俊已经身心疲惫不堪，店面最终以低价转了出去，损失惨重。

胡俊后来给自己总结，他认为，没有做过老板的人永远不会知道老板是怎么想的，也不会知道做老板的辛苦。下面是胡俊根据创业失败经历总结的十大教训：

一是地段选择错误。餐厅经营成功的首要因素是地段，经过一段时间融资，筹集到30万元资金，最后选择了一个大家公认的人流量大的地段开业，事实证明这一决策是错误的。

二是深奥的“社会学”。无论是大学还是现在的创业培训都没有“社会学”这门课，而对于刚刚毕业的大学生，学好社会学往往要付出巨大代价。胡俊本来梦想成为“新好男人”，因此从来烟酒不沾，但是创业后一切都变了。俗话说“阎王好斗，小鬼难缠”，以前去工商、税务和卫生等部门办事时工作人员总是一副爱答不理的样子，办理各种手续的过程也十分烦琐。处处碰壁后经过高人点拨，才明白自己缺了什么，现实让胡俊重新认识到中国社会的潜规则和烟酒的作用，只有选择“入乡随俗”，于是胡俊每次办事前都要带好装备：33元一包的软包“小熊猫”和德芙巧克力，遇男办事员递烟并故意将整盒落下，遇女办事员则请吃巧克力，结果立竿见影，对方的态度180度大转弯，开始称兄道弟，办事效率明显提高，一些烦琐的过程也人为地大大简化。

三是用人不当。本来胡俊只想以投资者身份选定有一定经营经验的店长来主抓店面经营和管理，但这位被视为合伙人的店长表现令人非常失望。店面管理不够细致，开张不久就面临顾客多次投诉，而胡俊与对方多次沟通后，局面却没有任何好转的迹象，而且更可气的是这位店长竟然每天利用工作之便与人合谋贪污每天的经营收入，每天账面上要少几百元钱，最终胡俊忍无可忍开除了他。但这也迫使胡俊由投资者转变为经营者，每天的烦琐事务立刻多了起来。

四是财务失控。财务管理是企业管理中的重要环节，但由于初期忽视财务管理和审计，白花了很多冤枉钱，往往每天的各项支出去向及其合理性都没有及时审核，月底结算时才发现某些方面开支严重超标，但是损失已经成为既定事实。同时财务管理存在的漏洞也让某些人有机会钻空子，趁机揩企业的油，丰富自己的腰包。创业者要高度重视财务管理，最好聘请专业人员负责，不要吝惜会计人员的工资，因为往往高水平的会计笔头一动就能通过合理避税为企业节省不少资金。财务管理的关键是现金管理，现金是企业运营的命脉，现金流失控将直接导致最严重的企业经营危机。

五是误读“人性化管理”。在企业初创阶段，却盲目寻求“成熟理论”的指引，是企业必犯的错误。经常熟读管理学经典理论的胡俊，对人性化管理推崇备至。餐厅的服务员和厨师主要是初中或中专学历，除了工资外，每个员工生日、生病时都会得到特别惊喜和关照，大家真是其乐融融，但表面的和谐并不妨碍厨师在后厨偷吃食品、偷懒，胡俊就亲眼看到三次，为此心痛不已，胡萝卜加大棒，光有胡萝卜，没有大棒的威胁是无效的人性化。

六是误选合作伙伴。做生意合作伙伴的选择非常重要，但胡俊与合作伙伴的合作却由于性格差异等原因，出现了沟通、意见不统一等一系列问题。直接导致经营上出现重大分歧，但坐下来沟通时却每每陷入无休止的争吵之中，最终不欢而散。结果两个本来都很有才华、惺惺相惜的好朋友却经常怒目相向，关系陷入前所未有的僵局。因此奉劝各位创业者合伙创业前最好先和伙伴共同操作些事情，从中发现有可能影响双方合作的“盲点”，如果这些“盲点”是很难克服的，最好重新考虑双方合作的基础和条件是否成熟。

七是市场调查不够。市场调查是做任何生意的关键一步。而胡俊搞市场调查的出发点就有问题，胡俊本来已经看好这个地方，再去做市场调查肯定有相当大的倾向性，听到一些很好、不错的声音就以为自己的想法是对的，而且调查在很大程度上是在走马观花，调查非常不细致，结果实际经营后才发现很多情况都是胡俊事先没有考虑到的，再调整起来已经太迟了。因此建议各位创业者，在看好项目后，最好选择第三方做市场调查，以避免自身的倾向性决策。调查一定要细致，比如要在某地开餐厅最好在当地租间房子，连续住上半个月，基本上当地的市场行情和消费习惯等都能摸个一清二楚，而且要多和当地开餐厅的人交朋友，听听他们的牢骚和艰辛，对深入了解市场大有好处。另外，千辛万苦地经营一年后餐厅的生意仍然不见起色，很显然光靠这家餐厅已经不能维持公司的正常运转，于是胡俊想到建立两家小型分店增加创收来养总店的办法，结果在错误的道路上越陷越深。两家分店虽然开了起来，但由于人员、运输、设备准备不足，结果两头忙，首尾难以兼顾，总店和两家分店的生意都不理想，最终加剧了经营困境，使本来就捉襟见肘的资金更加紧张。

八是不切实际的目标。创业初期，胡俊豪情万丈，将目标设定为发展成全国最大的比萨连锁企业，幻想有一天战胜全国最大的比萨连锁企业——必胜客。由于设定不切实际的目标，直接导致一系列的错误决策：为提高西餐厅的档次，将约14万元资金投入装修，选用价格高昂的仿古地板砖；由于过于注重环保，整个餐厅的墙面和木器用漆都选用最好的立邦漆；由于经验不足，花费巨大代价换来的装修效果却差强人意。而且由于前期装修、设备、原材料和人员等投入过大，直接导致公司的资金十分紧张，正式开业时账面上只剩几万元流动资金，而当时每个月的房租就有17333元。胡俊一厢情愿地坚信开业后生意一定非常好，因此花起钱来大手大脚，将希望寄托在开业后的流水上。结果正式营业后每天的流水却只有区区数千元，与期望值相距太远，而且生意很不稳定，时好时坏，立刻使胡俊陷入资金链随时都可能断裂的困境。

九是诚信问题。经商非常讲究个人信誉，在做生意中要培养好自己的个人信用。但很多时候现实是残酷的，由于资金的严重匮乏和生意不稳定，本来承诺的很多事情都成为泡影，对方不管创业者生意好坏，如果没有履行承诺，创业者的信用就大打折扣。而且建立信用也有很多技巧，光有信守承诺的决心和毅力远远不够。尤其是由于资金困难而一再推迟向房东支付房租后，在房东面前的信誉便逐渐丧失，使企业经营不断亮起红灯。

十是迟疑不决。经营一段时间后，胡俊就感觉到这家西餐厅的前景不妙，但由于已将绝大部分资金投了进去，想抽身谈何容易，因此就苦苦坚持希望能通过扩大宣传、增加新经营项目等盘活西餐厅，但无论怎样折腾，虽然也创造过短期辉煌，但未能实现长期稳定发展。曾有很多次机会可以将店面转让出去从而抽身，但最终因对方出价未达到胡俊的心理价位而错失良机，结果店面经营日渐困难，最终陷入痛苦的深渊。

以上就是胡俊本人的一次刻骨铭心的创业经历和感悟，经历过无数磨难后，从心理上他已经死过一次了。但是，卡耐基告诉我们："不要为泼出去的牛奶哭泣"，诚哉斯言！现在的胡俊依然满怀创业激情，但是思想更加成熟、更加稳健。第二次创业胡俊选择了文化产业作为切入点，因为胡俊一直坚信自己能够成功。记得高中毕业时老师在胡俊的评语上说，“该生具有极强的自信心”，以后胡俊会更好地、更理性地发挥自信的长处，也请大家记住这样一句话：“不要毫无理由的自信，也不要毫无理由的自卑”，创业——“痛并快乐着”！

点评与建议

胡俊失败的原因，看来着实有些复杂，但实际上，创业项目选择餐饮就是这么一个轮回“流程”。总的来说，经营餐饮失败不外乎以下原因：中国餐饮业的进入门槛较低，况且存在片面的假象繁荣，致使很多寻找创业项目者首选餐饮入门；初涉餐饮创业者对饭店市场不了解，低估了饭店业的投资风险；初涉餐饮创业者多数做的是普通类型餐饮，严重增加了行业的同质化，致使家家都毫无个性可言；行业管理不规范，家家各自为战，开始无序竞争；过于控制和压缩经营成本，产品普遍价廉质劣，经营形成恶性循环。

老一茬业主关门改行，新一茬业主激流勇上。在这里奉劝那些在运营过程中的饭店酒楼，或者即将开业的饭店酒楼，一定要做好自己的定位，扎实做好自己的基础工作，提炼出自己的产品特色和经营服务个性，稳步地进行品牌建设和营销推广。奉劝那些准备进入餐饮市场的创业者们，在选择餐饮项目的时候，一定要慎之又慎。

电子商务“摊大饼”却陷困境

学生群体对电子商务的市场需求是公认的，但不能“摊大饼”，涉入自己能力不能及的领域。现在不少大学生创业者都在做电子商务，他们认为学生市场自己熟悉，上手很容易，其实不然。许多失败的案例就证明，电子商务摊子铺得太大，会把创业者自己陷进去。

华智1980年出生在××省边远的一户农家，家里几乎没有什么经济来源，仅靠微薄的土地收入。华智上中学时住校，每周上学前，他都自己带米蒸饭，配菜就是家里炒的泡菜。在这样的环境下，华智一直坚持到高考，考上了电子科大成教计算机专业。

城里生活并不像农村，一针一线都需要开销，让华智生活压力非常大。他不认识一个朋友，也没有亲戚，孤立无援。华智就试着在外面找份工作。当时，火车站、刘家巷一带招工很多，可多是中介。结果，基本上每个月的生活费都被骗子骗光了，一年骗的钱都有3000多块钱。但华智总是不服气、总是抱着一丝希望，却从来没在那儿找到过一份工作，后来他也死心了。

面对生存现实，华智不得不自己出去找工作，至少找份发传单的工作，不通过中介也行啊。华智当时身上穿了一件老款西服，下面配条牛仔裤，一双运动鞋。到了一个公司，保安把他拦下，门都不让进。有一个公司，去了十二次都没进到门。华智是从农村出来的，根本就不晓得什么叫形象。最后咬了咬牙，拿了大半个月生活费一百多元去买了套西服。没想到，这次保安准许他进门，还帮他联系专管营销策划的人。

通过交谈，华智发现其实很多工作都有发传单、招大学生兼职的机会。这时，一个突发念头让华智思想有了转变：为什么我不去给这些学生服务，提供线索呢？至少我不能骗学生。

“纯粹是挣辛苦费，吃点差价。”华智说，当初自己做中介公司，基本都是靠信息和劳务差价获取纯利润。记得最清晰的一次，为了挣两百元钱，凌晨两点下大雨骑车去拉业务。当时衣服里全是水，近视眼镜上全是水和雾，只能看到一米远的东西。“为了这些事情，我掉了无数次眼泪。”

就这样，华智在大二阶段首次创业。团队七八个人，来自各地，一年挣了10万元。

大学生兼职中介在一年多的时间红火起来，华智心也大了，想要拓展学生市场。对其他领域不熟悉，只能针对学生市场，增加其市场份额。于是，华智和当初兼职中介的创业者在学校周围开店，做起了学生市场的电子商务。而这时，华智做了人生中一个重要的决定——退学。他觉得精力有限没有办法兼顾，必须放弃某样东西，于是就瞒着父母退学了，全身心投入到自己的创业中。

进入互联网领域，当初兼职中介赚的10多万元全部投了进去，还找来了风险投资公司。和“风投”老板只见了三次面。第一次，华智拿着商业计划书直接给他描述了项目情况，说如果有需要就联系我们。隔了一个星期，“风投”老板打电话给华智，叫他去谈细节。第三次他们签合同。一共100万元，分三个阶段投入。

拿到风险投资，起步还是很艰难，主要靠几个兄弟去外面跑业务。这个项目非常烧钱，钱用得相当快。搭建技术平台，花了三个月时间，下了5万元的血本，还不包括买服务器、设备。而开销最大的还是宣传费用。为了让人知道“风投”，必须在学校资助一些社团，印刷海报，赞助学生活动晚会，组织演讲。

然而，华智这条路都还没走顺，项目进行到六七个月时，“风投”突然撤资。给“风投”做工作，但也只得到遗憾的回答：资金遇到一些问题，鞭长莫及。

华智自己的钱全部用完了，“风投”撤资，当时真的想从办公楼往下跳，想死的心都有。“风投”撤资后，华智和一同创业的伙伴坚守，一直拖着。也试着找投资，但看到项目要死不活的，没人搭理。磨了三个月，八个人每天生活费就是20元，每人3元盒饭。

后来，华智找到工作伙伴说，还是散了吧。结果上班的上班，读书的读书。

做了那么久也没有进展，疲惫的华智想稳定下来，用自己的经历给别人打工。华智先到了一朋友的餐饮公司搞策划，随后又跳槽到一家广告公司，负责客户资源管理。

在这期间，华智回了一次老家。尽管老家生活有所改善，但仍旧贫困和落后。家乡的情景触动自己回家乡创业的念头，但父母和女朋友都有些不理解。“不要认为农村很穷，也不要认为城市很安逸，你要看到未来。”通过慢慢的开导工作，华智渐渐说通了父母和女友。

根据初步想法，华智想办一家蔬菜深加工厂需要投入100万元，自己掏空也只有30万元，这让华智又开始为难起来。一天在家里看电视，无意中华智看到了临村典型案例，深受触动的他在笔记本上记下“西坳村”几个字。第二天，便只身前往西坳村，为的是“取经”。他给西坳村的贾书记说，西坳村模式应该复制，应该让更多的人继承你们的精神和衣钵。西坳村支书听到华智说的这种情况，表示愿意给予资金支持。

目前，筹备阶段已近尾声，华智说，此次创业成功几率比前几次都大得多。

点评与建议

华智初做兼职中介，取得了小成功，是因为自己对学生职业中介熟悉度高，小规模的生意能够在自己掌控之中。他知道学生和招工单位需求什么，他只是在中间搭个桥梁，在他们当中增加一环，这是非常初级和传统的经营方式，成功具有局限性。后来做电子商务，从传统经营转向了前沿科技，肯定要在经营模式上有所创新才行。华智对学生市场的想法无限扩大，涉及领域比较宽泛，针对学生吃穿购等方方面面。学生市场的电子商务市场很多行业内外的人都知道有潜力，但实际成功的并不多，原因是没有预期到其中的困难。

电子商务成功主要靠独特视角和良好的营销。开发技术平台不仅需要不断研发新品，还要建立自己的数据库。如果没有特色，要想成功必须做大量烧钱的营销宣传，让受众了解自己。华智拿着自己10多万元积蓄和100万元风投，是远远不够的。要想做成较为像样的电子商务，1000万元投入肯定需要。所以，大学生在做电子商务时，如果没有庞大资金支持，最好就缩小自己领域做出特色，不要摊大饼。应倾向那种能力所及，只需要自己在中间简单增加一些桥梁环节即可的项目。

应该说大学生自主创业，有一定的优势，譬如年轻、有激情，而且社会和时代的发展也为大学生自主创业者提供了诸多条件。但从实践来看，也会面临许多问题。

大学生要想克服在自主创业过程中面临的问题，首先要了解这些问题具体是指什么。

一是激情有余，理性不足。创业需要理智而不是冲动，需要冷静而不是狂热。现实中大学生对于创业如同“大跃进”似的，似乎只要开一个公司就会一蹴而就，就会财源滚滚。对行业缺乏深度审视，对社会和大众消费缺乏深刻了解，盲目创业，是学生创业的“通病”。

二是缺乏顽强的意志。顽强的意志是创业的脊柱。在创业中必然会遇到许多矛盾和困难，如果没有好的意志品质、不懈追求的精神，就不会取得成功。坚韧不拔的毅力、敢冒风险的果断性和胜不骄败不馁的自制性，这些都是良好的意志品质。然而从曾涉足自主创业的大学毕业生的情况分析来看，不少创业者往往缺乏这样的意志，他们对创业的艰苦性心理准备不足。由于家庭对学生创业的不理解和不宽容，家长供孩子读书已属不易，自主创业是笔额外的风险投资，与工薪家庭的投资回报期望相去甚远，从而导致家庭矛盾，出现意想不到的麻烦。由于创业之初人手少，没有严格分工，创业者不得不同时担任多种角色，既疲劳不堪，又常常不能适应，这容易使人烦恼。由于创业要与社会各方面打交道，这又常常是初涉社会的大学生创业者所不擅长的，碰一鼻子灰而办不成事的情形常有，这容易使人灰心。

由于缺乏承受挫折的心理准备，稍遇失败就心灰意冷，怀疑自己的能力，害怕承担风险，这容易使人半途而废。这些都要求创业者事前就预见到创业的艰辛、风险和可能的失败，并做好敢于面对的心理准备，以顽强的意志承受这一切。

三是资金筹措困难。资金不足是刚走出校门的大学生、研究生创业的首要难题。创业需要资金，对于某些领域的创业甚至需要大量资金。对创业者来说资金有三个渠道，即自筹、借贷和风险投资。自筹数量有限；借贷一则资信不足贷款不易，二则有期限要求，不能满足创业的长期投资需要；风险投资是最好形式，特别适合大学生创业者。但我国目前的风险投资市场还很不成熟，原因在于投资者少，资金有限；管理不规范，投资风险大；上市条件高，投资不能及时抽出，继续其他项目的投资。能为大学生创业提供投资者很少，数量也有限。为此，国家制定相关政策支持风险投资的发展。另外，在当前风险投资市场很不成熟的情况下，针对大学生创业问题，国家应专门设立大学生创业基金。“巧妇难为无米之炊”，没有资金，再好的创新技术也难以转化为现实的生产力，“钱不是万能的，没钱是万万不能的。”对于学生创业，这同样是真理。创意是花朵，但资金是水分，吸引不到资金的创意终将老去。无疑，资金是学生创业要翻越的第一座大山。

四是缺乏企业管理经验。首先，从一份抽象的创业计划书到成功的市场运作，整个操作过程需要借助长时间积累的管理经验加以磨合，这不是啃一啃书本理论就能达到的。本身没有什么工作经验，仅仅依靠在校园里面学到的一点皮毛、一知半解的东西，就自己去搞创业，既搞技术，又要管理，特别不现实。其次，在成立了公司之后对于如何建立财务制度、人事制度、行政制度，等等，学生创业者并不很清楚。设想一下，要自主创业办一家公司，方方面面的事情都需要自己打理，工商、税务等部门都要进行沟通、打交道。这个面特别的广，对于一位刚刚跨出校门的学生来说很难。

五是“产权”意识不强。创业要尽可能立足于自主知识产权。以前中国对知识产权保护的国际承诺主要是通过参加知识产权保护组织及其国际公约，或以双边协定的形式约定，保护力度有限。入世后，中国要参加世贸组织《与贸易有关的知识产权保护协定》，中国的知识产权保护将受到WTO争端解决机制的有力约束。这一点对于学生创业更显重要。有关专家指出，现在学生创业失败的多，一个重要原因就是忽视技术创新。学生创业一定要具备4个条件：其一有自主知识产权的创造发明；其二这一发明能转化为有市场前景的产品；其三这一产品要有预期的销路；其四要有可靠的资金提供者。有没有自主知识产权成为大学生创业能否成功的首要条件。

上述所列的问题可能还不是全部，还有更多的创业细节有待于总结和交流。但不能不说，已有的问题已经足以引起各方面的关注。而对于大学生自身而言，如何克服自主创业中遇到的问题，这是一个创业者必须解决的人生课题。那么，有什么途径和方法来解决这些问题呢？以下建议具有指导意义：

第一，相信自己是一只雄鹰。

一个人在高山之巅的鹰巢里，抓到了一只幼鹰，他把幼鹰带回家，养在鸡笼里。这只幼鹰和鸡一起啄食、嬉闹和休息。它以为自己是一只鸡。这只鹰渐渐长大，羽翼丰满了，主人想把它训练成猎鹰。可是由于终日和鸡混在一起，它已经变得和鸡完全一样，根本没有飞的愿望了。主人试了各种办法，都毫无效果，最后把它带到山顶上，一把将它扔了出去。这只鹰像块石头似的，直掉下去，慌乱之中它拼命地扑打翅膀，就这样，它终于飞了起来。

第二，珍惜生命，就能走出挫折的沼泽地。

有个叫阿巴格的人生活在内蒙古草原上。有一次，年少的阿巴格和他爸爸在草原上迷了路，阿巴格又累又怕，到最后快走不动了。爸爸就从兜里掏出五枚硬币，把一枚硬币埋在草地里，把其余 4 枚放在阿巴格的手上，说："人生有五枚金币，童年、少年、青年、中年、老年各有一枚，你现在才用了一枚，就是埋在草地里的那一枚，你不能把五枚都扔在草原里，你要一点点地用，每一次都用出不同来，这样才不枉人生一世。今天我们一定要走出草原，你将来也一定要走出草原。世界很大，人活着，就要多走些地方，多看看，不要让你的金币没有用就扔掉。"在父亲的鼓励下，那天阿巴格走出了草原。长大后，阿巴格离开了家乡，成了一名优秀的船长。

第三，把封闭的心扉敞开，成功的阳光就能驱散失败的阴暗。

有兄弟二人，年龄不过四五岁，由于卧室的窗户整天都是密闭着，他们认为屋内太阴暗，看见外面灿烂的阳光，觉得十分羡慕。兄弟俩就商量说："我们可以一起把外面的阳光扫一点进来。"于是，兄弟两人拿着扫帚和畚箕，到阳台上去扫阳光。等到他们把畚箕搬到房间里的时候，里面的阳光就没有了。这样一而再再而三地扫了许多次，屋内还是一点阳光都没有。正在厨房忙碌的妈妈看见他们奇怪的举动，问道："你们在做什么？"他们回答说："房间太暗了，我们要扫点阳光进来。"妈妈笑道："只要把窗户打开，阳光自然会进来，何必去扫呢？"

第四，有成功心态的人处处都能发觉成功的力量。

雨后，一只蜘蛛艰难地向墙上已经支离破碎的网爬去，由于墙壁潮湿，它爬到一定的高度，就会掉下来，它一次次地向上爬，一次次地又掉下来……第一个人看到了，他叹了一口气，自言自语："我的一生不正如这只蜘蛛吗？忙忙碌碌而无所得。"于是，他日渐消沉。第二个人看到了，他说："这只蜘蛛真愚蠢，为什么不从旁边干燥的地方绕一下爬上去？我以后可不能像它那样愚蠢。"于是，他变得聪明起来。第三个人看到了，他立刻被蜘蛛屡败屡战的精神感动了。于是，他变得坚强起来。

第五，成功者自救。

某人在屋檐下躲雨，看见观音正撑伞走过。这人说："观音菩萨，普度一下众生吧，带我一段如何？"观音说："我在雨里，你在檐下，而檐下无雨，你不需要我度。"这人立刻跳出檐下，站在雨中："现在我也在雨中了，该度我了吧？"观音说："你在雨中，我也在雨中，我不被淋，因为有伞；你被雨淋，因为无伞。所以不是我度自己，而是伞度我。你要想度，不必找我，请自找伞去！"说完便走了。第二天，这人遇到了难事，便去寺庙里求观音。走进庙里，才发现观音的像前也有一个人在拜，那个人长得和观音一模一样，丝毫不差。这人问："你是观音吗？"那人答道："我正是观音。"这人又问："那你为何还拜自己？"观音笑道："我也遇到了难事，但我知道，求人不如求己。"

第六，成功者善于放弃，善于从损失中看到价值。

一个老人在高速行驶的火车上，不小心把刚买的新鞋从窗口掉了一只，周围的人倍感惋惜，不料老人立即把第二只鞋也从窗口扔了下去。这举动更让人大吃一惊。老人解释说："这一只鞋无论多么昂贵，对我而言已经没有用了，如果有谁能捡到一双鞋子，说不定他还能穿呢！"

第七，打开失败旁边的窗户，也许就看到了希望。

一个小女孩趴在窗台上，看窗外的人正埋葬她心爱的小狗，不禁泪流满面，悲恸不已。她的外祖父见状，连忙引她到另一个窗口，让她欣赏他的玫瑰花园。果然小女孩的心情顿时明朗。老人托起外孙女的下巴说："孩子，你开错了窗户。"

第八，中年以前不要怕，中年以后不要悔。

三十年前，一个年轻人离开故乡，开始创造自己的事业。他动身的第一站，是去拜访本族的族长，请求指点。老族长正在练字，他听说本族有位后辈开始踏上人生的旅途，就写了三个字：不要怕。然后抬起头来，望着年轻人说："孩子，人生的秘诀只有六个字，今天先告诉你三个，供你半生受用。"三十年后，这个从前的年轻人已是人到中年，有了一些成就，也添了很多伤心事。归程漫漫，到了家乡，他又去拜访那位族长。他到了族长家里，才知道老人家几年前已经去世，家人取出一个密封的信封对他说："这是族长生前留给你的，他说有一天你会再来。"还乡的游子这才想起来，三十年前他在这里听到人生的一半秘诀，拆开信封，里面赫然又是三个大字：不要悔。

第九，不要和诱惑较劲，而应离得越远越好。

某大公司准备以高薪雇用一名小车司机，经过层层筛选和考试之后，只剩下三名技术最优良的竞争者。主考者问他们："悬崖边有块金子，你们开着车去拿，觉得距离悬崖多近而又不至于掉落呢？""两米。"第一位说。"半米。"第二位很有把握地说。"我会尽量远离悬崖，愈远愈好。"第三位说。结果这家公司录取了第三位。

第十，记住自己跑得快，别人跑得更快。

每天，当太阳升起来的时候，非洲大草原上的动物们就开始奔跑了。狮子妈妈在教育自己的孩子："孩子，你必须跑得再快一点，再快一点，你要是跑不过最慢的羚羊，你就会被活活地饿死。"在另外一个场地上，羚羊妈妈也在教育自己的孩子："孩子，你必须跑得再快一点，再快一点，如果你不能比跑得最快的狮子还要快，那你就肯定会被它们吃掉。"

第二章
中年创业，顶着压力也疯狂

中年创业，无外乎两个原因：一是自己有了资金和渠道的积累，具备大干一场的条件和实力，最终为了实现年轻时的梦想；二是因为种种原因，下岗失业，找不到合适的工作不得已而出来创业。应该说后一种人远比前一种人多，不是想赶时髦，充当时代的弄潮儿，实则是不得已而为之，这叫做“被创业”。然而，中年人创业面对的是更多的压力和责任，因为多种因素所致，有许多中年人倒在或者还在艰辛的创业路上苦苦挣扎。但作为创业者，既然在路上，就不要顾影自怜，只有义无反顾地前行，才能改变自己的生存环境。

下岗后盲目创业陷困局

对中年人来说，下海创业是一次重大的跨越，尤其在当前经济不景气的条件下，创业更需要做好充分准备。创业前一定要认真分析自己的人际关系、阅历、资金实力、项目、家庭。如果创业者觉得条件不错，就可创业。中年人虽然具备多种优势，但创业风险并不小，主要还是来自本人和家庭。

创业的目的是为了生活得更好，而抱有从众心理盲目创业，导致失败的可能性较大。很多在职人士都曾经考虑过辞掉工作去创业，但其实不是什么人都适合经营生意的。下面故事中的欧鹏就是一个例子。

欧鹏曾经是一个普通科员，他早就厌恶了职场上的钩心斗角和企业中种种不公正，也不喜欢现在从事的唯唯诺诺的工作，工作中实在是太压抑了。由于他不善于交际，结果“被潜规则”下岗了。想想自己已经过了大半辈子，到现在还一事无成，天天过着混吃等死的生活，真的为自己悲哀。于是，他决定自己创业。但是没想到，处于中年危机之中的欧鹏第一次创业就遭遇了极大的挫折。

事情还得从欧鹏和岳父的一次项目考察后，回程巧遇一个妇人说起。

有一次，欧鹏和岳父张先生考察了一个砖厂，未谈成后，张先生只身一人回老家。和老人坐在一起的是一个和他年纪相近的中年妇女，他们在车上聊了起来。那妇人说她有两个儿子在长沙做生意，都成了大老板了。张先生把这话听到了心里，也对她说起了欧鹏想要做点事的想法，希望能得到别人的帮助。妇人说到时给他儿子说一下。在到达终点下车的时候，妇人伸手拉行李时，直叫手痛。张先生是老中医，也很自然地给她看一下，原来是手病，妇人说已经好多年了，就是没有治好。张先生知道，这病自己有百分之八十的把握能治好，于是就给她开药，要她先试一下，如果有效果，可以找他再开方子。

半个月后，妇人打来了电话，张先生就去了她家，给她再次诊治，并开了方子。从此，他们加深了双方的交往。妇人生日的时候，也请了张先生去祝贺。那时她的二儿子回家了，张先生和他相识后与他说起了欧鹏想做生意的事，请他指点门路。这个老二名叫吴仁，为人谦虚有礼，对张先生也很热情，直说愿意帮忙，并问欧鹏有多少资金。张先生如实相告，吴仁说，可以做生意了，并对张先生说，上班有什么好，一个月挣的钱还不如他一天挣的钱多，并给了张先生一张名片。

张先生回家就给欧鹏打电话，要欧鹏和吴仁联系，“他们都是大老板了，哥哥有500多万元，弟弟有300多万元”。要欧鹏好好向他们学习一下。他们做的是木业，是家装材料，欧鹏当时就想，这个行业应该是不错的，C市现在增容很快，房地产也很火，家装材料是一个有前途的项目。

几天后，欧鹏给吴仁打了电话。吴仁很热情，并约好星期天见面。欧鹏如期而去，见到了他。

吴仁个子高高的，很瘦，比欧鹏年轻多了，讲话很对味。这天吴仁生意特别的好，一台大卡车来装货，他忙得很，一直说要欧鹏等一下。忙完了以后，吴仁对欧鹏说：“想做生意，我会帮忙的，我哥前面的门面可能不做了，我想到前面去做，到时把这个店转给你就是！”

真是机遇太好了！欧鹏心存感谢。他们聊了很多，吴仁劝欧鹏辞职，一定要去做生意，不然什么都没有！还说他一个朋友是银行的信贷科长，七八千元一个月的工资，比吴仁的条件好多了，也出来做生意了。

此后，吴仁和欧鹏每个星期都见面，欧鹏每次去吴仁那里，看他的生意都很好。第一次去，他说他做了一万二的生意，有7000元的利润；后几次去吴仁都说有好几千。

后来，欧鹏的妻子也去看了吴仁的店，感觉生意和店面的情况都还不错。

当时，欧鹏很想做生意，他们就这样交往着，成了“朋友”。因为欧鹏这人重感情，也特别心软。吴仁多次要欧鹏去他家里看看。欧鹏去了一次，他家很气派，住的房子有130多平方米。他妈妈的病也快好了，张先生正给她治乙肝。

12月中旬，吴仁来电话，说他要做他哥店里的生意，告诉欧鹏可以转他的店了，因此来电话要和欧鹏谈方案。

在一个星期天，欧鹏和妻子去了。在谈方案时吴仁说：“我这个店你给我25万就是你的，别人最少要30万！”欧鹏一想自己没那么多钱，可能做不成了，感觉挺可惜的。这时吴仁说：“这样吧，我要赚10万块，其他的你实算！”欧鹏心里震动了一下：这口开得也太大了吧！于是在转让费上他们谈来谈去，最后以4万元成交。货物按进价加运费，其他租金与固定财产另算。

其中有一条欧鹏当时很不理解。吴仁说房租到期后，由他去与房东续签合同，让欧鹏用他的证照、用他的牌子做生意，因为这样做，这个市场就不会有人排挤欧鹏了。另外，有2万元押金在房东处，可以借给欧鹏两年。欧鹏想这里有些不对味，但考虑吴仁是朋友，说的也在理，也就没有怎么反对。只是接手时间欧鹏不同意，因为就要过春节了，这个时间接手不是明显的要关一个月门吗？于是欧鹏说在3月8日前接手，并提出先付定金2000元和预付款3万元。

12月底，欧鹏和吴仁草签了合同，并给了吴仁定金和预付款。欧鹏心情舒畅，终于在12月底前完成了自己的第一个誓言。

欧鹏妻子的哥哥以前在贵州做过木板木线生意，他可以为自己先把生意做起来，因为欧鹏现在不能辞职，假如他一走，单位就要收回住房，一家人住的地方都没有。再说了，这个生意也不需要这么多人来经营。

欧鹏和妻子做着今年就会发财的好梦，春节前他们回老家过了一个愉快的年。

正月初五那天，吴仁到张先生家里拜年，并告诉张先生，让欧鹏初八去店里开门。

欧鹏和妻子正月七回到C市。本来，欧鹏妻子的哥哥是要一起来的，但想到家里一些事，哥哥要推迟几天。回到C市，欧鹏的妻子开始办理请假手续，好不容易批了三个月。初八，他们去接手的店里放鞭炮。场面真是热闹，爆开的礼花象征着理想的花朵绚丽开放！

欧鹏妻子的哥哥终于在正月十七来了，和妹妹开始看市场，了解情况。欧鹏的妻子是一个十分单纯的人，能吃苦，但不会动脑子。哥哥对家装行业又不熟，C市话听不太懂。几天下来，他们认为这生意不太好做，但也考虑到可能现在是淡季。

吴仁开始催欧鹏加快速度，张先生也请算命先生看了日子，说2月23日前要开业。于是，欧鹏他们在21日和22日这两天开始打理店铺：店里现有存货价值7.9万元，固定财产1.5万元，房租4.2万元，加上转让费4万元，共计16.666万元。

23日早上7时开门，8时有人进来。欧鹏以为来了生意，热情接待。但来人说是找吴仁的，那口气很坚定，说“一定要等他来！”原来，吴仁给欧鹏的货没有给对方付款！8时来的人未走，9时又来了人，也是要钱的。天啊！这个吴仁怎么是这样的人啊？欧鹏感到震惊。

有人要拉走欧鹏的货，欧鹏只好给吴仁打电话。

吴仁来了，对着要钱的人说：“要钱没有，要命一条！”欧鹏真是才见过这样的人，昨天和今天就像换了一个人一样。最后他没有办法，只好付款了事。

欧鹏的心情很不好。今天是自己开业第一天，来了很多自己的朋友，竟然让朋友看到了这样的笑话。然而事情还没完，在一个月之内，这种讨债的事天天都有，欧鹏简直没法做生意了。这时他才知道，吴仁去年的地税都没有交，从去年11月份起的水电费也没有交。

这个打击对欧鹏太大了，欧鹏怪自己太相信吴仁。最可恨的是，吴仁转租给欧鹏的房子不是从市场租的，是属于二租，应该是没有转让费的。这就让欧鹏多拿了4万元。再看看吴仁的货，有许多存货老货，有不少是损坏的，也有不少变质的。店里的电话也因吴仁有半年未交话费而被停机，因户主不是他，也没办法再开通。

在欧鹏开业后的第二天，一直关着门的吴仁的哥哥的门面开门了，但里面空空如也。据说这个店已经属于别人了，成了一个做其他生意的门面。欧鹏打电话给吴仁，问吴仁是否可以收回门面，自己再给吴仁2万元损失费，可是吴仁不同意，并很快挂断了电话。

半个月后，吴仁的哥哥在另一处开了新门面，后来欧鹏才清楚，是因为吴仁的哥哥在市场里混不下去了，成天在外面躲账。原来吴仁他们根本不是什么“大老板”，生意是出奇的不好，一个月下来，据说只有一天做成了一笔小生意，可他们说是那是淡季。

欧鹏的妻子无法过这种生活，只好又回来上班。那段时间，妻子晚上老是从梦中惊醒，而欧鹏却整夜的睡不着。生意不好，有人说装修生意到下半年才会火起来，但欧鹏不能再坚持了，房租8月8日到期，要继续做，7月8日要交9.2万元的房租，自己还能投入吗？再开业后，欧鹏又需要投入2万元进货，他已经没有钱了。

欧鹏请了一个木匠帮助做生意，当有客户上门，欧鹏先和木匠交流好，答应好给客户的回扣，然后和木匠一起搞欺骗客户的名堂。

比如：80元进的板子，先报价40元吸引你，然后，再从别的地方挖回来；线条每米1元进价，却写上每米10元，在开单时，你要了50米给你开50米，但先不算账，等算账时，在前面加个“1”，就成了150米；有时少发货，有时有意写错价，你要A种料，给你B种料，客户不清楚。欧鹏觉得这不是做生意，这是在搞欺骗。

吴仁曾经说过的他那个银行的朋友，就在不远的地方做生意，和吴仁一起来过欧鹏的公司，欧鹏以前不认识他。后来，只要欧鹏去他店里，他就会来欧鹏店里，他说他也是上了吴仁的当，想当初吴仁说得多好，现在，他一年下来才赚到1.8万元，他也很恨吴仁。欧鹏没想到还有比自己更惨的！

欧鹏的心理和财力不能再承受这样的压力。大舅哥每天早上出去，晚上叹着气回来，妻子天天不开心，儿子跟着受罪，岳父整天愁眉苦脸……欧鹏要把店转掉，可是谁要呢？有好几次和别人谈，每次都没有谈成。谈一次，寄希望一次，失望就更大一次。最后，压在库里8万多的货，还有1.8万元的房租，再加上1.5万元的固定财产，只作价3.7万元就盘给人家了。

8月上旬，欧鹏去找房东收回2万元押金。可就在这时，吴仁打来电话，吴仁在电话里语气坚决地说：“8月份我来收2万元押金”。明天就是8月8日了，吴仁打电话来要房租押金，欧鹏真不想给他，但又找不到合适的理由，欧鹏心想，就这样轻而易举地给他实在有些气不过。

欧鹏觉得吴仁是骗子，要把房租给他也要等到以后，不过，欧鹏也担心是否合理合法，同时也怕吴仁来自己的工作单位闹。再者说，真要打起官司来，自己能有几分胜算？欧鹏陷入重重矛盾之中……

点评与建议

对于欧鹏下海创业，抛开法律层面的意义不说，单从维护自身权益的角度分析，就很值得深思。中年人在创业过程中，当自己的权益受到损害时，应该尽全力去维护自己的权益并争取权益最大化。所以，在自己的权益受到侵犯时不会反抗的人是不适合创业的。权益至上是作为商人的因素之一，虽然听上去有点不近人情，但是商场如战场，如果没有每分必争的勇气和决心，创业的最终结果只能是失败。

很多人梦想辞掉工作自己创业，但是每次工作变动都会伴随着诸多风险，而辞职创业这样的转变更是件高风险的事儿。下面列举了普通人在换工作时常犯的5种错误。这其中的每一条都适用于那些正考虑辞职，打算自己或与他人合伙创业的人。

第一，未做充分调查研究。

换工作之前，起码有这样几个问题需要考虑：创业的目标、财务稳定性、企业文化契合度以及工作职责。那些打算辞职创业的人都有必要思考一下以上问题，或者与一些经验丰富的创业者谈谈自己的创业计划，看看自己的想法是否切合实际，获得肯定后再辞职。

第二，单纯为钱辞职创业。

记住，“这山望着那山高”是多数人的通病。创业在短期内不太可能赚到比打工更多的钱，实际上，往往相反，大多数创业者在刚开始一两年内是没有收入的，而且也很难找到对其创业项目感兴趣的投资人。最好在创业项目产生实际收入后，再辞去打工工作。

第三，创业是为了逃避工作。

如果不顾一切地铤而走险、开始创业，有可能发现创业之路举步维艰，与受雇于人比起来，压力更大而且状况无法让人满意。工作量大、工作不被认可或压力过大不是创业的理由，也通常得不到令人满意的结果。而那些认为自己有能力，但是对眼下所从事的工作不满意或者厌倦的人，反倒更适合做创业者。

第四，高估自己。

根据很多猎头顾问的观点，现在很多求职者对他们的工作技能、职业规划和弱点的认识都不切合实际。如果自己在几家公司的工作经历都不愉快，那么很可能自身也存在类似问题。而这些问题会在创业过程中进一步放大，因为创业者现在是公司的老板，并且要为所有问题负责。

第五，没有长远打算。

从受雇于人到创业者是生活方式的重大转变，也是职业生涯的重大转变。创业不是在短期内可以积累大量财富的捷径，更不是逃避问题的方法。创业是一项艰苦的工作，只有通过不断学习和坚持不懈才能有所回报。

很明显，以上这些错误的做法有一定的内在关联性。当创业者对自己估计过高，就会更加看重工作绩效的回报，并且对打工的公司所给的报酬感到不满。这种状态会导致他们冲动地做出创业决定，而对自己创业能力和创业机会缺乏认真的考虑，在创业过程中他们也往往失望地发现，创业更加让创业者不自在。

所有打工者都需要对上述这些问题进行认真思考。决定创业之前，可以问自己这样一个问题："如果事实证明我的决定错了怎么办？"要做好减少损失和勇往直前的准备。再三地从一种困境跳入另一种困境是不可取的，不管在哪种情形下，都要认真审视自己，对自己的优点和缺点有清楚的认识。要乐于倾听他人对自己的看法或指导，并且勇于改正自己的缺点。

还有最重要的一点，就是要了解工作中哪些因素能让自己最感到满意，对自己来讲，怎样才算是达到工作与生活之间的最佳平衡状态。作为成年人，大多数时间都要在工作中度过，而生命却太过短暂，不应该将宝贵的时间浪费在对错误决定的懊悔中。

急于投资，卖房创业遭惨败

创业者是干什么的？就是不断地对外部环境做出判断，继而摆好自己和外部环境的合适位置。这才是求稳的前提。在创业过程中，创业者第一要明确做什么，第二便是时间点。如果是在一个晦暗不明的时间点上，创业者最痛苦的抉择就是像哈姆雷特那样发问：现在进入还是等待？

实际上，在具体的创业案例中，在看不清机会时，“不做”往往比“做”的结果要好。积极的等待，是市场机会到来之前创业者应该保持的状态。很多企业看似幸运的踩准了时间点，事实上都经过一个相当长的准备期。否则，就会因判断上的偏差而导致失败。

阿明在1985年于某外国语学院毕业后，分配在某报社工作，负责采编国际新闻。阿明是最幸运的了。因为其他人不是被分配到枯燥无味的研究院搞学术研究，就是被分配到苦不可言的国有大厂去做技术工，只有他一毕业就被分配到大报社，不但福利待遇好，还能经常出国去做新闻节目。所以，当时他是大家羡慕的对象。

可阿明似乎并不满足于有一份好工作，他的经济头脑相当发达。那时候，出国人员回国时，都有免税指标，可以在规定范围内带一些国外的名牌产品回来，不用交关税。所以，他经常带一些法国的香水、日本的电器、美国的电脑、韩国的摄像机一类的东西回来，一转手就能赚不少钱，令大家羡慕不已。这样过了十多年，到1998年春节时，阿明突然决定辞职，正式下海做商人了。

阿明准备做一家荷兰公司的“可视门铃”代理。原来，他在国外认识了一位做可视门铃生意的荷兰人，恰巧对方很想打入中国市场，就动员阿明做他们的代理商。他感觉这个项目大有前途，于是，就接了下来。一开始，他也只想兼职做。可自从在上海成功推销掉几套设备之后，他的信心就突然高涨起来，加上禁不住荷兰人的催促，他就干脆辞职下海，把房子也卖掉，勉强凑上一笔资金，一本正经地做起了可视门铃代理业务来。

但过了一年时间，他也没有把可视门铃业务做大，偶尔有一些零星需求，可营业额还不够庞大的员工工资和办公费用。他反复总结经验教训，认为失败的主要原因是资金短缺。于是，就向朋友们筹款。他跟朋友说："可视门铃这东西，现在知道的人还不多，所以，打开市场大门就显得困难了些。但我相信，只要不断地投入广告，知道它的人就会慢慢地增多，业务量也就会慢慢地增加。"

最后，阿明终因资金短缺、业务无法开展而失败了。

阿明辞职下海经商失败的事很快被以前的同事知道了，大家几乎把他当成了反面教材……

点评与建议

一个失败的案例，可以顶得上十个成功的案例。阿明创业失败主要源于急于求成，结果被利欲蒙蔽双眼，导致判断失误。类似阿明这样的中年人，很多处在事业的危机期。有人事业停滞不前；有人在单位里有志难酬；还有人在危机中下岗……面对困难，可以有许多种选择：留下来委曲求全、得过且过混日子；也可以选择自己创业，寻找事业的第二春。但是由于中年人已经失去年龄优势，所以对待创业问题必须小心谨慎，免得因为一时轻率而丧失回旋余地，那时再想翻身就难了，所以，中年人创业必须在创业之初就考虑好所有问题。

第一，了解市场。

创业之前，应该先对所要从事的行业有一定的了解。最好先向熟悉这些行业的人们进行详细咨询：经营的方式、顾客的来源、进货的渠道与销售的方式以及今后的发展空间。考虑到今后发展空间这样一个问题时，要结合周围的市政建设规模、人口密度、交通状况等许多情况综合分析，然后将可行性分析报告让有经验者审核一下，请他们提出意见。即使是这方面的同行也不要忌讳，要把他们当作老师，虚心求教，而不要将他们看成是自己的竞争对手。同行未必相轻，当自己的诚意打动对方后，他们是会给予自己帮助的。有经验的人会坦率地指出自己的报告书中哪些看法正确，哪些看法不实际，哪些数据计算有误，自己就会从中获得莫大的帮助。

如果自己要投入一个以前不曾接触过的行业，所花费的心力和应该学习的东西就要比原来就从事这种行业的人要多得多。所以不管自己过去的经验如何，一定要先做一个全盘分析，以免遭到失败。

上述故事中的阿明对市场的了解就存在很大偏差。事实上，当时市场还不够成熟，高档的住宅楼还很稀缺，而很多私营主还处在家庭作坊阶段，还没有大片大片的工业园区出现，也没有兴起别墅热。所以，导致他失败的原因在于市场需求尚未形成，而不是客户不了解这类产品。当时也曾经有朋友劝他暂时先停一停手中的代理业务，去改做其他业务。可阿明就是一根筋，不肯听朋友的劝，非得把可视门铃业务做下去不可，结果因判断失误导致了失败。

第二，制订计划。

创业之前，创业者必须制订出切实可行的创业计划。第一步要做的就是选好目标，选择一个自己喜欢的工作，这样的工作能激发起创业者的兴趣，创业者就会日复一日地为它去奋斗。即使累得不想起床或事情进展不顺利，或者受到一些挫折也不会放弃自己的打算，而且这个行业最好是所处的社会环境最需要的，又有利润可图、能够赚到钱的。如果创业者所选择的目标已经符合这些标准，就可以起步了。

第三，不能忽视资金问题。

人到中年，多半会有一些积蓄。有的人继承了一些遗产，一些人则是靠几十年勤俭持家积攒下了一些钱。每种行业的营运方法不同，所以是否贷款应极为慎重。当手中的积蓄不足以应付创业所需时，可以先向亲戚、朋友筹借一下，然后再考虑是否向银行贷款。但是不管怎么说，不管从哪个渠道筹来的资金，一定要用在购买创业所需的设备、材料或其他开业所需的费用上，千万不要将它用于支付个人的生活开支，这样就等于是把贷款变成自己的薪水，到头来坐吃山空。

总之，中年人创业要比年轻人创业更有优势。因为中年人有比年轻人充足的资金和社会经验。虽然没有年轻人的锐气，但却平添了一分沉稳。但中年人也必须学会紧跟时代潮流，随时更新观念，这样才能准确抓住商机，获得成功。

未做创业模拟，导致创业失败

一般来讲，创业的过程可以区分为四个阶段，即准备阶段，选项阶段，模拟阶段，运转阶段。所谓模拟阶段就是指在正式开始创业前用尽可能小的规模、投入尽可能少的资源，对创业项目进行小范围的试验，这就相当于是战争前的演习和科学实验中的试验。对于进入新领域的创业者来说，模拟阶段是创业成功与否的重要环节，绝不能忽视或跳过这一过程直接进入运转阶段，否则就会导致严重后果。

王凡今年45岁，是个民营企业老板。他有很好的社会关系，认识很多有头有脸的人。一次，王凡偶然听说办洗衣厂赚钱，于是就开始琢磨办个洗衣厂。这事跟几个企业老总一说，他们都表示：只要你开办洗衣厂，我们公司的工作服就交给你洗了。王凡听后心中大喜，如果真的办个洗衣厂，不仅自己公司的工作服不用花钱让外边的人洗了，而且可以赚钱。

事不宜迟，王凡马上派人进行了市场调研，计算成本和收益。结果是一年能洗25万件衣服，平均收益是169%。王凡想，自己公司有1000套工作服，其他再找来1400套工作服就可以实现目标，目前答应把活交给王凡的有三家公司工作服，起码3000套。这样一分析，看来没有问题。

面对高额利润的诱惑，王凡迫不及待地开始着手办厂。落实人、厂房、执照等，三个月内搞定。

开始运营初期，机器设备没有磨合好，为了保证洗衣质量，不敢接外单位的活，怕把客人的衣服洗坏了，引起索赔，因为一套西服便宜的几百元，贵的上千元。所以，洗衣厂决定第一个月只洗自己员工的工作服。

不运行不知道，一运行就发现了一大堆问题：

水质差：水质太硬，达不到要求，蒸汽炉内部结垢，影响传热，严重的可能引起爆炸。怎么办？立即联系有关技术人员，咨询解决办法，答案是加装软水设备，一套2万元。王凡赶紧让人去办这件事，尽管不乐意再往里投入，但已经投入了几十万元，这点钱咬咬牙也要投进去。就在派人联系购买软水设备时，又出其他问题了。

一是电费高。当地电力部门月底收电费时，电价没有按事先调查的价格0.25元收，而是按一度电0.9元收的，比预想的多出了2倍还多。洗衣厂离不开电，电费一下子就涨了2倍多，成本无疑又多出一块。这可怎么办？最后，一打听才知道，工业用电与民用电电价不同，每天不同时段电价也不同，高峰时段电价高，低峰时段电价低。于是，解决办法是在低峰时段上班，这样就只能是让工人晚上工作、白天休息了。刚送走了电力部门的人，以为可以安心生产了。但环保部门的人又来了。

二是排污费。环保部门的人说，有人举报说你们洗衣厂排出的污水污染了农民的水井，要罚款，还要交排污费。没办法，还必须找村支书、村长协调与村民的关系，请村干部吃饭。村干部说现在改革开放了，我们说话不像以前好使了，涉及农民切身利益的事，我们说了也没用。最好你们直接与农民接触商量解决办法，给点补偿算了，我们可以做的工作就是不让他们乱要价。

三是人员达不到要求。就在王凡为上述这些事犯愁时，洗衣厂厂长病了，要做膝关节手术，不能每天从城里跑几十公里到郊区的洗衣厂上班。同时，工人还反映说厂长有时不来上班，来了以后也净睡大觉，对工作的事不管不问。王凡听到这些反映真是又气又无奈，洗衣厂这么多事，在正需要厂长往上顶的时候，腿偏偏出了毛病，责任心还不强。一气之下，王凡把厂长辞退了。好在洗衣厂的工作技术含量不高，对人员要求也不算高，没有厂长也一样能运转。

四是承诺虚。以上这些还不是最要命的，最要命的问题是没有客源。以前答应把工作服给王凡洗的人，一说真要把衣服拿过来时，口气都变了。他们说，“现在我们的衣服一直都是由××公司洗的，那个公司与我们合作不错，而且是×××领导介绍的，我们不好说什么。等到年底有机会时我们再想办法分一部分活给你们。”王凡听了这话，气得没有一点脾气，手下人不听话可以换人，但是人家不把活给王凡，王凡一点办法也没有。王凡意识到，原来承诺的客户量原来都是虚的。他开始后悔办洗衣厂有点草率。

现在，王凡没有办法，只能又招了一个业务员，专门跑客源，同时调动各方资源跑客户。

直到这时，王凡才了解到，洗衣行业由于进入门槛低，竞争激烈，这几年许多酒店都把自己的洗衣厂撤了，把洗衣业务外包出去了，现在的洗衣业利很薄，没有一定客源不可能赚到钱。像自己现在的洗衣设备早已过时了，洗衣能力太小，不能大规模地洗，成本就比其他洗衣厂高。但是不干吧，几十万元已经投进去了，房租合同订了5年，租金交了一年，房租金不退，还要交违约金。干吧，没有客源，不是干等着赔钱吗！

王凡骑虎难下……

点评与建议

在这个故事中，王凡没有进行必要的项目模拟，直接进设备、选人、选址，投入20多万元资金，结果导致项目原地打转。公司勉强支撑了一年多，业务仍然没有运转起来，一年前成立之初的问题到现在仍然没有解决，等于是原地空转，没有任何进展。洗衣厂的管理者到处“补板”，成立之初，人有问题、设备有问题、水有问题、电有问题，问题层出不穷，按下葫芦起来瓢。面对“到处起火、处处冒烟”的局面，只能疲于应付。最后结局是骑虎难下。

开公司容易，关公司难。特别是前期固定资产投入比较大的项目，公司关闭是一件非常难的事，人怎么安排？设备怎么处理？前期投入如何收回？有时，一个错误的投资决策，留下来的是一个烂摊子，几年都收拾不完。这就如同是烂尾工程，干到一半干不下去了，停在那了，谁来都不好处理。

创业模拟的最大好处在于可以降低创业风险，提高创业成功率。创业模拟的目的不仅在于检验项目是否可行，更重要的是验证项目运行各个环节是否行得通，并得到项目运行过程中各环节的必要参数，为今后正式创业打下坚实基础。因此，创业者在创业之前必须认真对待“创业模拟”这一环节。

创业不专一，造成没一个做大

迟力家住H市莲花区，43岁的他看起来比同龄人苍老10岁以上，他自己说，这都是因为这么多年被生意折磨的。迟力刚一成年便顶替父亲进入了汽车修理总厂，不安分的他总想创业，从1993年开始弄小作坊做豆腐干起，卖过袜子、毛巾，搞过汽车线路运营，也办过养猪场、卖过越南绿豆糕，还卖过缅甸酸茶豆，也卖过瓷器。

1993年，迟力弄个小作坊做豆腐干，虽然生意好，但后来迫于父亲的压力，关门大吉。此后到2000年前后，虽然小打小闹做了一些事情，但都被父亲叫停。迟力的父亲是个工程师，总认为做生意是不务正业。但到了2000年，被生活条件所逼，迟力便利用周末的时候做点小生意，提着袜子满街卖。

有一天，迟力进货的时候发现外地的一个商人要1000条毛巾，于是迟力也要了800条毛巾，结果只有两天，进价 0.6元一条的毛巾卖价2元一条。一笔生意赚了上千元。迟力当时的工资每月不到100元，按理说，他该从此发家，但就在几个月后的春节，迟力浑身上下仅剩余0.2元钱。原来，他把赚的钱给儿子做了套西装，给母亲买了件200多元的衣服，然后喊朋友大吃了几顿，最后就没有钱了。

怀揣0.2元的迟力在春节的街上乱走，突然看见电线杆上的广告，说某某高速路刚开通，征集民营资本参与运营。胆大的迟力说服一个朋友抵押自己的房屋去借钱买了一辆汽车，并获取运营执照，跑起高速路两地的客运。刚好一年时间，线路整治，单车不能上路，必须挂靠集团。最后通过争取，改成跑另一条线的客运，并且可以随地停靠。迟力感觉到这里面政策风险大，于是连车带牌照一起出售，净赚了4万元，其实关键是当时他那个车牌照值钱。

迟力赚钱后就想再做点什么事情，又一次在一个朋友家吃到了从越南带来的绿豆糕，当时觉得味道不错，就约了几个人，一起去越南进货了。迟力开始心头没底，进的货少，谁知道回来后市场反应好，于是就大规模进货，从2000年到2003年，绿豆糕生意一直不错。H市就他一个人做越南绿豆糕的贸易。

天有不测风云，2003年的“非典”让迟力赔惨了。因为当时迟力没想到会发生这样的事情，年前把大部分家当拿去订货了，结果火车在回来的路上被消毒水消毒了，味道全坏了，只有废掉。这个事情自己也不知道找谁计算损失，迟力只有闷头吃亏。

现在，迟力又在通过直销形式推广他的秘制绿茶，已经谈了多家事业单位，与莲花区相邻的古船区著名茶楼也是由他供货。生意现在步入正轨，目前正准备网罗营销人才，准备扩张，不过这一切还“在路上”。

H市有一批名商人，他们都是在20世纪80年代后期从做小生意开始逐步成长起来的。迟力回忆自己的过去，对比这些人，感到特别惭愧。他认为自己一直没有做大的原因，就是花钱大手大脚，有钱没有想着怎么好好利用，但对这个缺点迟力不准备去改，如果不是当初因此结识了很多朋友，当年做绿豆糕生意上亏损后就会一蹶不振了。当时有一茶厂老板得知迟力生意失利的消息后，愿意把茶叶拿给他卖，赚了后再付款。为什么这个老板会这么大方？因为迟力做生意的原则就是承诺什么时候付款，一定准时付款，就是借高利息贷款也要准时还款。

点评与建议

虽然迟力有一些朋友，但创业这些年来曾经从事二十多个行业，却没有一个做大，这不能不让人唏嘘。其实，其中最大的问题就是不专一。对于类似迟力的创业者，应该遵循以下原则：

第一，创业初期勤俭节约。

创业初期，对很多企业家来说，都是十分艰苦的，他们不仅要克服与自己腰包渐鼓同比增长的欲望，还要注意市场方向。很多成功的企业家都十分注重节约，即便是有所成就，也经常吃盒饭，穿很普通的衣服。

第二，关注时局随机应变。

企业在物流运输的过程中，一定要考虑政策风险、自然风险等外部因素，并及时做出调整。同时在事情发生后学会维权，虽然不能确定维权是否成功，但作为生意人，应该想办法在法律上保护自己的财产。比如在绿豆糕生意上“巨亏”几十万元，这个损失应该由迟力自己负责。“非典”起于食品，那么国家加大食品流通领域的监管是肯定的，绿豆糕其实可以放置一些时间，如果迟力能想到绿豆糕要被消毒水消毒，他完全可以要求绿豆糕迟些时间运输。

第三，做生意诚信最重要。

做生意应该讲究诚信。为什么江浙一带的民营经济十分发达，大家研究发现，当地的信用水平十分高。如果一个公司亏了，他很快就能找到资本东山再起，并且投资者不担心借钱者不还款。一旦借款者携款出逃，那么他在江浙一带都无法借钱。从这个方面说，迟力具有不错的素质，这也是他没有最终一蹶不振的原因。

第四，创业者也需要专一。

在创业过程中不断转行，其实是因为其心态一直处于“投机”状态，虽然偶尔也获得过很多机会，但同样也浪费了许多机会。迟力长久以来做了二十多个行当，但基本没有多长时间就转行了，转行是迟力最致命的弱点，实际上就是没有在一个行业里面沉淀，没有沉淀就必然肤浅，做好做差，能不能赚钱要靠运气，这也就是为什么迟力创业时间如此之长，到现在还在路上的原因。因此，创业者也需要专一。

产品无创新，企业终关张

创新是构建企业特色的首要课题，是企业全部活动的价值理念，是企业经营的基础。企业特色是指建立在适合行业需求基础上的特色，而不是脱离现实的浪漫主义。

企业创新的内容主要包括技术创新、管理创新、体制创新、经营创新、结构创新等。企业应该具有全方位的发展创新理念，才能创造更大的业绩。创新来自于实践的需要，实践提出了创新需求才可能在实践中有创新的行为。对于任何创新，都不能仅仅从创新本身来评价，而是应该看现实对创新的需求，如果某种创新在实践中没有需求，那么这种创新就没有任何意义。

中小企业如何避免与市场产生正面冲突，如何发挥自身优势在商品市场上谋取一席之地？正确制定和运用符合本企业客观情况的发展战略是极其重要的。否则，就难逃失败的命运。下面故事中刘金创业两年的经验教训，就鲜明地说明了企业没有创新就会失败的问题。

40岁的刘金早年毕业于华中科技大学武昌分校计算机专业。2008年5月，他邀两位好友成立了一个无极限网络技术有限公司。公司主要是创建双休网——专为中年人的吃喝玩乐提供点子。公司投入15万元，属于几个人的合资，刘金自己拿出来10万元。

刘金的想法很简单，双休网与一家时尚杂志合作，在杂志上开辟专栏，并联手推出广告“买一送一”，即买纸媒广告，送网络广告，希望能快速做出影响力。让刘金没想到的是，实际操作中却困难重重。他们的主攻方向是特色小店，可是这些店铺既没有做广告的需求，也没有这个能力。

屋漏偏逢连夜雨。一直以来，因为双休网没有广告收入，刘金就想到了为别人做网站建设，这样还能维持公司开销。但如今建网站早已不是什么新鲜事，这项主业务也慢慢变成了“鸡肋”。

做网站建设，刘金提出了一个全新的理念——网络营销，花几百元钱就可以将产品和信息销售到全世界每一个有互联网存在的角落。对于大型网站而言，如果善于把握网络营销，就能花很低的成本将网站的流量提升起来，以提升其在搜索引擎上的排名。

带着这样的理念，刘金他们努力寻找客户。2009年初，刘金的网络建设业务迎来辉煌期，业务量开始猛增。

当网建客户迅猛增长后，租用服务器空间已不能满足公司的需求，自己的第一个想法是购买服务器，而且一口气买下三台。按他的完美构想，三台服务器各司其职：一台用于网建客户使用、一台用于出租个人空间、一台用于发送邮件，这样就互不影响。理想与现实总是有差距。实际运行中，三台服务器的年开销是2万元，原本应承担200家公司的容量却仅有五六十家客户，支出与收益比可想而知。

两年前建一个企业网站2000元，现在市场标价仅200元。当他的网建业务突破100笔时，公司收益开始呈逐月下降趋势。每建一个网站就要增加一个员工维护网站，数百元的收益根本无法支付员工的工资。所有的人力、物力和时间都消耗在网络基础建设上，研发工作毫无进展，没有核心竞争力，公司的生存空间越来越窄。

另外，公司为了扩大规模，从60平方米的商住楼，搬到了130平方米的办公楼，月租由2000元涨到4000元，员工由10余人增加到20人，林林总总的开销加在一起，令他不堪重负。

2010年的最后一个周日晚，刘金亲手拔掉双休网服务器最后一根电源。对刘金来说，双休网就是他的第一个“孩子”，那份珍贵无与伦比。但是，他也知道，如果再坚持就意味着更多的投入，“伤其十指不如断其一指”，只好含泪关掉。

两年的起起落落，让年轻的刘金懂得了很多。“尽管没有赚到钱，但这两年我收获了太多”。他所指的收获，主要是指自己已经诊断出了公司、尤其是自己身上存在的毛病。“现在看来，创办这样的网站，没有采取差异化战略构建自己的品牌特色，更没有构建必需的营销团队。”

刘金目前已开始与朋友酝酿一个新的项目，他们这次的投入要重点体现一个“新”字，前期的市场调查已做了三个多月，刘金希望能打一场翻身仗。

点评与建议

刘金的创业故事证明，企业的发展必须符合自然规律、经济规律、社会规律。假如没有计划周全，没弄清赢利点在哪，也没有做充分的市场分析，更没有构建必需的营销团队，创业初期过于铺张、不计成本……这样的企业，怎么可能有所创新？怎么可能形成自己的企业特色？

根据目前的市场供求状况和发展趋势分析，商品生产重合度过高导致商品市场供过于求是制约中小企业发展的最主要因素，所以，采取差异化战略构建自己的品牌特色，是中小企业必需的、首要的发展战略。也就是说，当一个企业向其客户提供某种独特的有价值的产品而不仅仅是价格低廉时，他就把自己与其竞争对手区别开来了。

差异化战略，就是企业在生产经营过程中，将充分发挥和运用其产品或服务独特的某一部分直至全部不同于其他企业的产品或服务的优势，作为指导企业持续稳定发展的方向。由于中小企业一般投入产出规模较小，资本和技术构成一般较低，从而导致竞争能力、抗风险能力低下，所以选择差异化应从产品上下功夫。

成功源于创造，模仿的要义在于：借鉴他人的每一个设想必须经过改进和提高，以适应本企业的环境。虽然目标依然是独创性，但是这种独创性往往不是来自于一个突破性的设想，而是由成千上万的小改进积累而成，这些改进最终会彻底改造原先的产品并创造新市场。模仿并不妨碍企业的突破性思维，相反，它提高了发现突破口的可能性，在经营上，这种创造性模仿的过程经历往往意味着能力。结合运用借题深入法和访问顾客法，可以使产品更贴近市场消费者的需求意愿，也更容易被市场所接纳。

总之，类似刘金的中小企业，应该专注于自己的细分市场，把产品做精，出其不意革新原有产品，坚持高水平的产品质量，不断追求技术创新，满足客户的更高要求。

技能落伍，下岗创业不容易

20世纪末我国出现了大面积的职工下岗潮，无数人失去工作。下岗工人创业故事也从此拉开了序幕。下岗工人创业不容易，技能落伍无所适从，很多人都是在创业失败中成长起来的。

近年来，下岗职工创业成为政府和社会关注的重要课题，翻看各大媒体，说的都是喜，就像中国戏曲里的“大团圆”。下岗工人的创业路程真的只需要付出汗水就可以收获成功吗？我们还是来看看下面这几位下岗工人自己创业的故事吧！

下岗工人A是个开朗乐观的人，对自己下岗的事直言不讳，好像那是发生在别人身上的故事。A的小面馆就开在厂子附近，自从2000年厂子效益不好，A被精减下岗后，他的小面馆就开张了，店面不大，顾客不少，效益不好。说起当年下岗，A说他有一段时间特别不习惯，感觉自己已经提前退休了。当时之所以想到要开个面馆，是因为以前上班的时候，一下夜班就特想找个地儿吃点儿夜宵。A想着自己现在下岗了，开个小面馆投入不大，也就开了。没想这一失业反倒成就了以前的梦想！

A在1998年曾卖过皮衣，当时皮衣在太原特别畅销，A的一个哥们就是靠卖皮衣发家致富的，也就是这个哥们给A指了条“明路”，让A一下子就进了两三万元钱的皮衣。朋友的皮衣很快就销售一空，可自己的皮衣还在家里堆着，A想在社区里摆摊卖货，可社区的办公室却又明文规定“不允许游商小贩在社区内乱摆摊点”，不让他摆摊。A把家里三四十件衣服全都拿出来，在社区里大晒特晒，光晒不卖，搞得社区的监管老大爷一个劲地紧张。A的“皮衣广告”打响了，人们都跑到家里来买皮衣，A狠赚了一把。这笔钱也就成为了A小面馆的启动资金。

可在经营小面馆的过程中，A的小聪明也就派不上用场了。他在经营上犯了两个致命的错误。首先是选址上，当时只是盲目地想开个面馆，没有考虑周边的消费情况，开在厂门口，自然招待的尽是厂里的工人，厂子效益不好，工人哪有钱下馆子。

其次是顾客，A在厂里人缘不错，开了面馆后，更是顾客盈门，可一看来客都认识，哪好意思要钱，生意就是这样在红红火火中衰退下去……

由于面馆一直是收支持平，没有再做下去的意义，A准备过了今年就“关门大吉”。古人常说“三十而立”，A现在的状态也能用四个字概括：三十不立。

40岁的B是家里的经济支柱，一说“下岗”，听起来都觉得残酷，尤其是对B来说无异于是晴天霹雳！B以前在厂里的工作很稳定，突然一下子从一种安逸的状态转入到了社会激流之中，下岗初期的他还真是不适应。

B在2007年下岗后，在家里只待了一个礼拜。他想，下岗了，能有什么办法？只能是赶紧找个事干，要不一家老小怎么办！可40岁的B没多少人想用，一来是年纪大了，观念跟不上；二来是社会上的就业情况本来就不太乐观，找一个合适的职业更是难上加难。

B看找工作不容易，就决定自己干，为寻找合适的项目下了一番苦心。在投资项目前，他先做了市场调查，发现自己想投资的这个服装品牌在T市还没有总代理，有很大市场开发潜力，项目合适后，B又分析了自己的情况：自己以前在厂里干的主要是管理，在经营管理上应该没有什么问题。

筹集好资金后，B的服装店在T市一家大型超市附近开张了。可让

B没想到的是，店是开了，客人却很少，干了几个月都是不赔不赚，为此，他只好将服装店关闭。

B为此困惑了很久，到底是哪个环节出了问题呢？他自己考虑过，不论是店内的装潢布置，还是客户服务，把能想到的细节都想到了，觉得自己哪个环节都做得很到位。可没想到自己每天起早贪黑的就得了这么个结果。

后来，业内人士指点B说：你的失误是在选址上。你将服装店选在规模比较大的超市附近，是一种典型的“傍大款”以求快捷成功的做法。在创业初期采取“傍大款”的方式还行得通，但“大款”的选择也有学问。如果选择品牌服装集聚地，如服装城，就比选择超市这种“大款”要更容易拉动服装店的人气。超市的顾客更多是前来购买生活用品，真正消费品牌服装的人群很少，所以，对服装店的拉动效应就不明显。

B听着高人的指教，心里很佩服。他暗自思量：看来我还是应该像他们说的，明天去道外服装街看看……

近年来，F市的花店越来越多，购买鲜花也越来越成为人们生活中的点缀与兴趣。花店，好像和男人的关联不大，尤其是对下岗工人C这个50岁开外的老汉，可C的花店就开在二马路上，让那些过往的人不得不承认：在百花丛中坐着的不是年轻美丽的花仙子，而是一个笑容可掬的老大爷！

C下岗是自己要求的，一方面是自己岁数大了身体不太好，车间的活儿干不动；另一方面则是孩子们都支持他早点在家享受天伦。可真下岗了，C又不太习惯这清闲的日子，总想干点啥。后来在子女的提议下，平常就喜欢摆弄个花花草草的他开起了花店。在外人听来，C开一个花店好像挺美的，可是C却一连摆手连说“不好干”。

这花店是C的孩子们凑钱开的，说C是个看店的老板，孩子们是股东，花店虽然小也是有限责任制，赔了赚了不怨他。C知道这是孩子们安慰自己，可自己也不能让孩子们的钱白花呀！

花店一开C也发愁，因为他根本不知道什么是“营销战略”，卖出去的花都没有标签，后来有很多回头客对C说，收到花的人无从得知花来自哪家花店、花店的具体地址等信息，C这才明白做生意就要不放过任何能够提高花店知名度的细节，这样才能赢得更多的顾客。

受到客户的启发后，C精心准备了个性化的标签。也是无心插柳柳成荫，由于C平常就喜欢养花，积累了很多关于养花的常识，每有顾客来买花，C都会热心地教授半天养花的经验和常识，培养了不少喜欢花的“铁杆回头客”。

来C的花店买花的也多是一些年轻人，C都和他们熟悉地聊天。C虽然年纪大了，但知道交流的重要性，从交流中，他学到了很多新鲜有趣的东西，也教给别人一些东西，他感觉这样的创业很快乐。

点评与建议

上面的下岗故事给我们提出这样的问题：下岗了怎么办？下岗工人如何创业？其实，下岗并不可怕，可怕的是放弃。下岗工人应该抱着一种乐观的心态活下去，天生我才必有用，终有可用武之地。下岗创业故事听起来让人觉得心酸不已，但从中也能学到很多做人做生意的道理，不管搞什么形式的创业，需要的正是这其中的精神品质来支撑。

中年创业启示录

人到中年，上有老下有小，同时又面临着知识更新的压力。因此，重新创业、择业一定要求稳，不可能像年轻人那样从头再来。我们先从中年人创业的特点来分析一下他们的优势和劣势。

中年创业的优势有以下几个方面：首先是心态优势。俗话说“四十不惑”。就是说人到中年，该经历的大都经历了。他们一般见多识广，认识、处理事情和判断能力有了相当的力度和深度，不再为表面现象所迷惑，遇事冷静，处事稳重。即使遇到复杂事物也不至于飘摇不定。此外，中年人心理成熟，性格特征基本定型。从以往成功或失败的经验教训中学习，保持着良好精神状态和心理素质。这是中年的优势，也是创业者成功的重要因素。

其次是人脉优势。中年人经历多，打交道的人多，认识的朋友自然也会多些，人际方面就会有种关系网，比如供货商、经销商、客户等。创业之初，多听听朋友的意见，可以得到支持和帮助。过去彼此之间保持信任，也许更容易促成新的合作。这就是宝贵的人脉资源。

最后是行业优势。中年人一般都有较长的职业生涯，对自己所属的行业有充分的了解。经历了就会有经验，经历是一种财富。专业经验、对人和事的判断能力、有效的管理模式等，这也是中年创业者无可比拟的优势所在。

一句话，中年创业有很多优势，关键在于如何把优势转化为财富。可以说，40岁上下的中年创业是最佳年龄。另外，做自己熟悉的行业成功率会大些。特别是在企业有过管理、销售经验或者有专业技能的创业者就更有优势了。

中年创业的困境有以下几个方面：首先，中年创业面临的家庭压力更大。中年人往往已成家，而且是家庭支柱。上有父母要赡养，下有儿女要抚育……需要一个稳定的经济来源。而自主创业所面临的风险恰恰不能保证经济来源的稳定，而且在创业初期企业有可能在相当长一段时间内处于亏损状态。所以中年创业者最好能给家人以及自己准备后路，以防失败。

其次，中年创业稳重有余，冲劲不够。由于经历的事情多，在创业过程中，往往会脚踏实地、一步一个脚印地前进。但是，稳重的性格在创业初期是一个优点，它能使企业稳步成长，减少失败；但在企业完成初创阶段后，稳重往往会转变成一种迟钝、保守、传统，会使企业的发展速度变得缓慢。

再次，中年的身体状况可能出现隐患。中年人没有年轻人强壮的体魄，而创业不仅需要付出大量的脑力、心力，还需要付出大量的体力。特别在创业初期，各种问题千头万绪，如果没有好的身体，人很容易被“累垮”。

最后，中年创业比青年面临更大的风险和精神及心理压力。为了创业，创业者必须放弃已有的地位、权力和报酬。几乎一切都得从头开始，原来做大事情的创业者必须从小事情点滴做起，必须忍受创业初期的艰辛苦累。一旦创业失败，所遭受的损失将是巨大的。关键是岁月和时间不允许。而对于年轻人来说，创业失败全当交一个学费，增长创业的经验。

针对上述中年人创业存在的优势和劣势，中年人创业时需要把握如下求稳策略：

第一，弄清楚价值主张是什么。

如果无法用三句或三句以下的大白话解释顾客为何需要创业者的产品，那就说明创业者没有价值主张，也没什么创业价值可言。

第二，弄清楚产品是否具有市场可行性。

有一个人曾经深信一种男士胸罩是开启财富宝库的钥匙，但他并没有做任何调查研究就肯定这种男士胸罩的市场可行性，更别提研究其市场空间以吸引投资了。不要兜售下一个男士胸罩！永远不要遐想。当然，没有市场需求时，可以创造市场需求，但不能胡思乱想。

第三，弄清楚与同类产品相比，创业者的产品有何特别之处。

如果创业者想在竞争中获胜，就需要提供其他公司所不具备的有形价值。如低廉的价格、独特的产品设计、极大的便利等。但仅靠市场营销无法做到这一切。应该找出创业者自身的优势，并进一步夯实。

第四，弄清楚是否具有业务规模。

小富与巨富之间的差距在于“规模”。具有规模的企业能够用极低的成本生产出下一个重要部件。哪个商业模式不需要规模？想想服务行业，营业额越高，需要的人手也就越多。

第五，确定为了实现这一切，准备做出何种投入。

创业者有家庭和孩子，为了使初创企业实现腾飞，愿意在未来的两年内每周都工作100小时吗？如果创业者真想开创一番天地，要准备在起步阶段付出一切。

第六，了解顾客愿意支付什么价格。

不论是购买一瓶漂白剂或者别的什么产品，创业者都应该拟定出客户愿意支付费用的上限。这是任何商业模式运作的关键之一。

第七，了解创业者的供应商拥有多大实力。

供应商数量越少，其变数就越大。多结松木落地钟的生意听起来很不错，但如果只有一个松木原料产地呢？真要与这种钟的供应商做生意，难免要为之付出代价。另外，也要当心那些饥不择食的廉价供应商，他们往往不注重产品质量。

第八，明确应该如何销售产品。

戴尔电脑绕过零售商，直接将产品卖给顾客；通用汽车和可口可乐公司依靠分销商来配送车辆和汽水；苹果一直在增加时髦的体验店，并配有现场产品指导及技术精湛的客服代表。可见，不论使用何种销售模式，都要确保它符合整体经营战略。

第九，要想在创业初期求得生存，需要多少现金。

对于那些度过上次经济萧条的人来说，请再次注意手中的现金。很多企业家吹嘘稳步上升的财政计划，但在大好时机来临时，他们的腰包已经空了。因此，要抑制购买豪华办公椅和苹果电脑的冲动，等到现金入大于出，然后再添加足够的缓冲资金。

第十，弄清楚最后结局是什么。

为求得不同的结局，需要不同的战略。时刻谨记自己想要的是什么。最好搞清楚，创业者是想建立未来的企业帝国还是只想大赚一笔。

第三章
老年创业，不甘寂寞也疯狂

很多老年人都感叹自己在青壮年时工作能量释放不足，由此期待着重新释放的机会，而退休后创业不但可以选择做自己喜欢的事，也能实现能量释放的梦想。通过创业，老年人使生命资源获得重新分配后，不但成就感大增，心理更加容易得到满足和快乐，身体也会更加健康。在全民创业的大潮下，老人也不甘寂寞，毅然加入创业大军，让生命发光发热。我们钦佩老年人“老骥伏枥志在千里”的豪迈，然而，不可否认的是，老年人创业，血本无归故事多。这些失败的故事读来让人扼腕，而失败者更多的应该是更加理性地思索和行动，一定不要让自己老年的时光增添郁闷，以避免唏嘘感叹。

血本无归，受骗上当教训多

在S市的许多社区，都有一个跃跃欲试想创业的老年群体，从55岁到75岁，从“浅老年”到“古稀之年”，几乎每位社区的人都能讲出一两个投资创业被骗、养老钱血本无归的故事。

58岁的张先生虽然上了年纪，可还是想干点什么，看到电视上的加盟广告说加盟打火机生产那么精彩，就兴冲冲地远赴S市考察，结果近万元打了水漂。十年来，他先后拿出70余万元投资创业，却不见任何回报。张先生本以为这是一次夕阳创业，谁知道掉进了骗局。

今年3月份，电视上一则加盟广告紧紧抓住了张先生的心。S市一家科技有限公司在广告中宣称，做打火机招商加盟，一年能达到数十万元的利润。这则广告还清晰地描述了利润来源：公司提供机器、工具和零件，投资者负责加工，返销给公司即可，而且整个组装打火机的过程十分简单，一小时左右就能学会。

“加盟打火机生产，年利润几十万不忽悠。”这是S市一家公司招商手册上的宣传语。这则广告让张先生动了心。他老伴儿有心脏病，他一直想攒点儿看病的钱。看到项目这么好，就带上积蓄，坐火车去了S市。

公司地点虽然偏僻，但好在有专人接待，而且张先生还在公司楼下“偶遇”了从河南和安徽赶来的两位加盟商。一身疲惫的张先生立马精神起来，签合同时，另外两位外地加盟商还对他说：“要是有什么猫腻，咱有合同，到时候一起告他们！”大家还交换了彼此的手机号码。

一位工作人员告诉他，签字后需要复印合同，转身就拿走了合同，再还给他时，他并没有重新查看。交纳了近万元费用后，张先生拿到了加工用的机器，学习了制作打火机的方法，匆匆回到家里。

到家后，张先生跟公司联系，希望尽快发来配件，但对方要求他再交纳配件费用。但合同里写着“加工返销”，张先生再仔细一看才发现，合同被掉包了，改成“技术转让”了，还要再交一大笔钱买配件，才能做打火机。

拨打另外两位加盟商的手机，听张先生说要举报，两人便不再接听电话了。这时张先生才有点儿警觉，让儿子帮忙上网查询，看到网络上大量关于“加盟打火机生产被骗”的新闻，他才知道，创业梦彻底破碎了。

想到自己都快60岁的人了，过去一直给人打工，就想有点闲钱能创业，没想到把给老伴儿看病的钱都搭进去了。现在，张先生还在搜集证据，一定要把这些钱要回来。

其实，像张先生一样的老人被骗的例子还有很多，下面这两个也是受骗上当的例子。

家住W市工人街道宜欣社区的宋先生也是“老年人创业”的失败典型。直到现在，63岁的宋先生还动不动就穿上西服出去吃饭，说是跟人谈项目，这十几年来，他先后拿出了50万元，一直说在投资、创业，跟别人合伙开过店，也玩过股票、基金。以前还跟孩子们说赔钱了，现在不再提钱了，孩子们心知肚明，50万元早就让宋先生折腾没了。只是他还不甘心，也抹不开面子告诉孩子们。

家住F市海湾街道芦花社区72岁的周女士常说的一句话是“早晚我能把本钱捞回来”。周围邻居都知道，周女士这几年没少投资，还常在小区里游说大家跟她一起“发财”。有一年她参加民间集资，投进去两万元钱，后来又参加了“投一返二”的项目，结果是传销，家里到现在还堆了很多产品。这几年，周女士成了社区最能折腾的老人，听人说到“项目”就感兴趣，最近还在研究跟人合伙网上开店。为此，她把房子都抵押了，不断想“创业”，已经砸进去30多万元，别人怎么劝都不听。

点评与建议

一些老年人创业失败、受骗的例子多与老人对社会信息了解少，对创业风险低估有关。就像打火机生产加盟，只要有意识找个年轻人上网帮忙搜索一下，就能知道是否可行。一些老年人创业还专门爱找自己不熟悉的领域，比如涉及“高科技”、“网上开店”，等等，很容易失败和被骗。

奋斗了大半生的老人，不管曾经的事业是否辉煌，到了晚年都不甘寂寞，他们对成就有着强烈的渴望。老人创业大致有三类。一是偿还夙愿型，即年轻时没能干点事业，到老了，牵挂少了，手里有了些积蓄，就想走上创业的道路。二是闲不住型，即退休后觉得无聊，而自己还有旺盛的精力，不甘心就此开始过上养老生活。三是贪图小利型，即很容易被“小投资大回报”的所谓项目吸引。然而，老人的智力、体力跟不上年轻人的脚步，从实践上看，他们难以理解日益健全的法律体系，总是按自己的思维、思路处理问题，固执己见，因此导致个别人也会有意无意地走上被骗的道路。

轻信宣传，投资理财陷误区

现实生活中，很多老年人由于偏听偏信宣传而陷入投资理财误区。老年人如果安排不好理财，就会直接影响晚年幸福。

60岁的朱先生从老家来到G市的儿子家，他以前的积蓄不多，看到许多创业消息，也想着通过什么途径给自己创收。这样一来，也能给儿子减轻点负担。这么想着，朱先生平常没事的时候就出去走走。

有一天，朱先生听说G市的综合人才市场专门给人介绍工作，就来到了这里。刚到门外，朱先生遇到了几位招工人员。这些招工人员自称从事金融行业，需要寻找拉客户的业务人员，最底层的业务员可以提成15%。由于对招聘人员没什么条件要求，只有中学学历的朱先生对于一个月至少几千元的收入心动了。

这家公司名叫××省铝土矿天然建材厂，在G市某宾馆A座一层办公，门外并没有挂着公司的招牌。只在客厅挂着一块黑板，上写着：经××省××市国土局批准，××省铝土矿天然建材厂已经取得开采铝土矿的开采证，待资金全部到位后即可进行开采。

没有经过任何考试，朱先生便进入了这家公司。工作人员登记了他的电话、家庭住址、身份证号。在培训课上，老师告诉朱先生他们这些新员工，公司要开一个稀有金属矿，需要资金，他们工作的主要任务就是找人来投钱。而他们主要的服务对象便是活动在证券交易所大厅、各公园里的50岁以上的老年人，其中主要是退休老师、公务员和退役军人。

同时，培训老师还告诉他们，在拉拢客户时，不一定要用真名，最好是起一个顺口的名字告诉对方，这样对方也好记，朱先生的理解就是用“假名字”骗客户，他甚至都不敢确定现在讲课的老师名字是真是假。

有很多老年人来这家公司签了合同，少则1万元，多则10余万元，甚至还有一些老年人还入伙成为公司的“下线”，帮助公司拉客户，领取提成。一般像最底层的业务人员拿15%的提成，高一级的经理拿30%提成。公司在方圆100米内安排了工作人员观察动静，防范政府部门的人员也是培训课程内容。

在这里，朱先生每天都去证券交易所大厅或者公园，找那些50岁以上的老年人，动员他们加入。但二十几天过去了，他只鼓动来一名投资者。

27号这天，朱先生像往常一样到公司报到。但到公司大门前一看，门却锁着，朱先生心想可能今天拿钥匙的人来晚了。这时，又有其他员工陆续来上班。时间到了上午九点，拿钥匙的人还是没来。大家甚感蹊跷，又耐心等待。10点、11点，还是没人来。早就有人打老师的手机但总是关机。大家觉得不妙。许多老人苍老的脸上冒出津津热汗。又等了一个多小时，等过了中午，下午还是没人来。老人们意识到可能受骗了。有人赶紧打电话报警。结果，所有来这里“上班”的投资者都被骗了。

朱先生连生气带上火，一下子病倒了……

那么，××省铝土矿天然建材厂是否具有开办铝矿的资质呢？事实上，××省××市政府及所属相关政府部门均不知此事。××市国土资源管理局矿管科、地环科以及办公室，工作人员同样不知情。××市工商局的工作人员说，××省铝土矿天然建材厂所拥有的开采证只是石灰岩矿的开采证，而不能开采铝矿，“现在铝矿国家控制，个人不能随便开采”。由此可见，“××省铝土矿天然建材厂”的集资采矿是一种典型的非法集资行为。

根据法律规定，未依照法定程序经有关部门批准，向不特定的社会公众筹集资金，承诺在一定期限内向出资人还本付息的行为属于非法集资。“××省铝土矿天然建材厂”与投资人签署的“购销合同”，属于以合法形式掩盖其非法性质的集资。根据相关法律规定，非法集资属于违法犯罪行为，对组织和参与非法集资的损失要由参与者自己承担，法律不予保护，国家不能代偿。非法集资者被追究责任后，国家有关执法部门也只能依法就追缴回来的资产在投资者之间按比例进行返还。

点评与建议

从实践经验上看，老人投资理财应该绕过以下五种老年理财雷区，从而实现科学、安全理财。

第一，轻信宣传。

老年人由于年事已高，信息不灵，在理财过程中很容易轻信他人而上当受骗。生活中，有不少类似这种骗人伎俩：用过期作废和造假的外币骗认购；用废弃、不可兑换的有价证券骗人；用假古董骗老年人；多人串连组团演双簧骗人等。如有人声称用100元人民币即可购买5张秘鲁币，到银行可兑换人民币350元。秘鲁币平时极少见到，有些老年人就听信了骗子的谎言，买了好多秘鲁币。结果到银行兑换时被告知：这些秘鲁币全是假的。不管遇到哪种骗术，都不能轻信，能避开很多破财陷阱。

第二，贪利心理。

近年来，社会上以高息诱人的非法集资现象屡禁不止，有些老年人因贪图高利而上当受骗。一个老人听说某企业以高于银行利息3倍的高价吸收社会闲散资金时，便背着家人把积攒多年的5万元养老金交给了那家企业。结果半年后得知，那家企业玩的是高息骗股的把戏，已经席卷集资款蒸发了，他的5万元养老金全打了水漂。对于这种非正常的高息现象，老年人一定要谨慎，越是高息，陷阱的几率就越大。

第三，冒险担保。

生活中，常有老年人因碍于面子而为他人提供经济担保，最后把自己套进去的事。住在农村的朱某有一次村干部找他，想让他用家里的储蓄存单，为村里的几个想发展棚菜生产的贫困户担保，办理银行小额抵押贷款。朱某碍于村干部的面子，便把家里的3万元存单做了抵押。结果秋天还贷款时，那几家贫困户因不懂技术而赔了钱，根本无力还贷，银行依法冻结了他的存款而用于还贷。他有怨无处诉，有苦无处说，气得大病一场。老年人本来兜里的钱就不多，再冒风险为他人担保，无异于盲人骑瞎马，夜半临深池。因此，在看不准、摸不透的情况下，明哲保身是最安全的理财方式。

第四，跟风。

老年人理财无论何时都要有自己的主见，凭自己多年的生活阅历把握理财之道，切忌跟风。老张退休后，拿出自己多年积攒的6万元钱，进入了老年理财族行列。在理财过程中，他是傻子种地看邻居，别人炒股他炒股，别人买基金他买基金，别人买哪种股票他买哪种。一通跟风之后，结果铩羽而归。老张身心疲惫，情绪低到了极点。

第五，攀高心理。

投资皆有风险，只是风险大小不同而已。时下，社会上流行一种无风险高收益的说法，其实这种说法并不科学，甚至有误导的嫌疑。天下没有免费的午餐，根本不存在无风险高回报的便宜事。有些老年人偏偏听信这套理论，不顾家人阻拦而涉足高风险投资，有的炒股、炒汇，有的涉足房地产，结果一赔再赔。

总之，老年人的应变能力较差，最好不要选择风险性高的投资方式，可从储蓄、国债等有稳定收益的投资做起。选择几项稳定的投资渠道，虽说收益没有大起，但也没有大落，挣些安安稳稳的钱，这样才比较妥帖、放心。

创业过劳，老来生活堪落魄

对创业者来说，“筋疲力尽”是一种职业病。工作很容易让老年人筋疲力尽，以至于忘记了还有生活这回事。

老年人想创业当然是件好事，但要避免被它困扰。长时间超负荷的工作和焦虑，最终会让老年人的身心更加疲惫不堪。总之，当你同时点燃蜡烛的两头时，烛火迟早是会熄灭的。这火焰就像是老年人对事业的激情，是老年人最宝贵的财富之一。一旦燃尽，就很难再使之重新燃起。所以老年人需要特别保护这种激情。

创业路上，有很多很多的困难和挫折要一一面对，包括最终有可能是失败的结局。那么在创业过程中，往往因为重视事业成功的重要性而忽视了对自身健康的关注，等到年岁大了健康失去之时，即使有多么成功的创业收获都很难换得身体健康的那份喜悦和快乐。

何庆曾是××省知名的农民企业家。他从小身世坎坷，父母早亡，一个人到处打工，日子过得很艰苦。他一生吃了不少苦，后来，他到城里学会了手艺，也看到了改革开放初期的商业机会，于是开始回到家乡农村办厂。先是开了个金属加工厂，有廉价的农村劳动力支撑，然后到城市里推销，卖得不错，于是他有了人生的第一桶金。

20世纪90年代初期，何庆又开始做珠宝首饰加工，那是他最风光的时期。一口气开了很多工厂，都是做出口的珠宝首饰，除了在家乡开了很多分厂外，在上海又开了一家大厂。

何庆成了村里第一个万元户，他家那时候就有了别墅和轿车，到哪里都是领导陪着，很是风光。于是两个儿子也开始在他的厂里做工，所有村里的亲戚们，一个个的都成了他的工人。那时候，上海厂里很多员工，也都是从老家带过去的，都是年轻人。很多人后来借此机留在了上海，并且结婚生子，如今也算是上海人了，他们当初都是托了何庆的福。

就连村里的一些小杂货店，都打着他的旗号去赊账买东西，月底的时候何庆会让财务统一买单。那时候大手大脚，也是后来工厂失败的重要因素。

90年代末，何庆65岁，生意都交给两个儿子去打理，结果儿子的德行人品不好，加上他们两个把钱一点点转移到了自己名下，而且儿子之间也不团结，所以生意就开始落魄了。

后来，何庆又尝试了几个新的领域，但都不了了之。钱也少了，那些厂也都卖掉了。何庆最辉煌的时代就这么过去了。

何庆因为儿子媳妇不孝顺，老伴那时候为儿子问题着急又瘫痪了，因此何庆更是郁闷。钱被儿子们拿走了，他只好继续干农活，还要伺候老伴。

现在，何庆越来越瘦骨嶙峋。最近何庆去医院检查，说是得了癌症，而且到了晚期，最多活不过两个月了……

点评与建议

何庆从巅峰跌到谷底，教训是惨痛的：

一是创业之中，财务一定要严控控制，一定要注意开源节流。钱多了不骄，掌控好财务规划。

二是创业者要注意自己的身体。身体累垮了，或许年轻的时候没感觉，但是年纪大了，就会发现身体的很多功能都回不去了。

三是创业者再忙，也要注重子女教育问题。何庆最后生意失败，跟他两个不孝的儿子有很大关系。忽视了家庭教育，没有人品，更谈何生意呢。

四是家族生意需要有些“空降兵”为好。都是子女或亲戚在公司帮忙，前期可以这样，但后期如果公司要发展壮大，就需要引入外部新鲜血液，这也是一种竞争机制的企业文化，这样才能做大做强。

五是珍惜当下。珍惜自己的每一天，珍惜身边的每一个人，珍惜一切，哪怕是竞争对手。

在现实生活中，类似过劳死等一些名词的出现，其背后对应了一大群人，这些人也未必认识不到健康的重要性，但就是没有做到善待自己的身体。也许有朋友会问，如何善待？其实，无论工作多么重要、多么繁忙，只要保证每天正常的饮食、充足的睡眠，能够适度保持心情舒畅或有意识自我释放压力，就足矣。

希望正在创业中的朋友们都能从此时此刻起善待自己的身体，也祝愿朋友们在创业路上健康、快乐、成功！

六旬老人成功创业，月入八千

老人创业，对经济发展、国家税收都有贡献；老人的收益增多，也为社会保障体系的完善增添了力量。很多人以为：人到老年，理应安享晚年，享受天伦之乐，可是却有一些激情不减的老人，在人生的暮年留下了独特的生命印记，在创业的路上留下了一串长长的脚印。老年人一旦创业成功，就能提供不少工作岗位，在取得深度效益的同时，也能为自己的晚年生活提供一定的物质保障。

侯先生是一位年龄过60的花甲老人，原本有着人人羡慕的教师工作，可是有着封建思想的他，非常注重传宗接代，很想生个儿子，可是生了三个女儿也没有生到男孩，却把自己的教师工作给丢了。不甘心的侯先生又生了一个，还是女孩，生活的重压，迫使生在农村的他不得不出去打工。那时候，为了维持家庭生活真的是吃尽了苦，什么样的工作都做过，摆地摊，卖冰棍，卖针线……

正是因为侯先生有吃苦耐劳的精神，又碰到了改革开放的大好时机，他做了一些生意，当时真的是赚了点钱，让老婆和女儿们过上了小康生活，还盖了他们村上第一栋楼房，后来为了孩子们上学方便还去镇上买了一栋两层门面房。

侯先生把孩子们都培养成人后，自己的积蓄也花得差不多了，女儿各自去了外地工作，女儿们也算孝顺，每个月都给生活费。孩子们也知道，正是因为生她们让父亲丢了铁饭碗。但是侯先生和老伴舍不得花女儿们省吃俭用的钱，就想到自己还有一间门面房，于是老两口就开了个小百货烟酒店，在不用太辛苦的情况下，每个月也有近500

元的收入，够老夫妻俩吃饭的费用，心里也挺欣慰的。这样一来，女儿们也都放心，父母在家不孤单了，平时生意也不是很忙。

一个夏天的中午，侯先生正在小百货店打盹，进来一个外地小伙子，大热天满脸都是汗，买了一瓶矿泉水，大口大口地喝。想到自己女儿们平时也在外面辛苦，有着当自己孩子一样的心疼，老人就让小伙子去屋里洗了一下脸，降降温。

小伙子看这个老人挺热心的，就和他聊起天来。小伙子就问他生意做得怎么样，侯先生也实话实说，现在镇上的超市多了，小百货店的生意越来越难做了，一个月也只有三四百块钱的收入。小伙子突然话题一转，说自己在做手机生意，深圳批发的，价格很便宜。他说："我刚才也看见你们镇上的生活条件也不错 ，你老人家也不错，不如你也尝试一下？"

侯先生当时就立马否决了，第一自己年龄大了，第二自己从来没有卖过手机，第三自己也不懂这行，也没有渠道，真的是可望不可即。

当时那个小伙子就很耐心地和老人详细讲解，顺手拿出一页资料给他看。侯先生也仔细看了两遍，后来小伙子见他这么认真，就说："叔叔只要您想做，我可以帮助您的，我就是这个项目的本地经理，有什么问题和困难尽管找我。我一定会扶持你，您先试试看，本来我们也在找您这样的店在合作。"

侯先生还是犹豫，说要和女儿们商量一下，毕竟自己对外界的情况也不了解。但是他知道手机这个东西现在是每人必不可少的通信工具，连自己还有一部呢，是女儿送的。

这时，小伙子拿出一张名片说："叔叔我姓张，这是我的名片，是你们这里的代购经理，如果您有兴趣可以给我打电话，也可以让您的女儿登录我们的网址，上面有详细的信息，让她们帮您参考一下。"说完小伙子就匆匆走了。

真的是说者有心听者也有意，到了晚上，侯先生就给女儿打了电话，讲了详细情况，小伙子的网址也给了女儿，让女儿帮忙好好考察一下。当时女儿第一反应就是：“爸你是不是给别人骗了？你有没有买产品呀？现在很多骗子专门从老年人入手，现在电视上播了很多。”

侯先生让女儿先别着急下结论，先帮他在网上看看到底是什么情况再说。

一个小时后女儿打来电话，她说详细看了网站，是有做这个生意的小伙子。“如果那个男孩真的愿意帮助您，好像也没风险，再说投资也不大，可以试试看。”

听完女儿的这番话后，侯先生心里也踏实了不少。

第二天上午8时左右，侯先生就给小伙子打了电话，让他过来帮助策划一下，到底具体怎么操作。到了中午，小伙子来到了侯先生家，向侯先生详细地讲解了操作流程，还给他带来了广告牌，宣传名片和一些手机的宣传单，一共才花了200元。

当时侯先生心里也在嘀咕，就花这么一点成本能做什么生意呀？自己这个小百货店还投资了好几千呢。想归想，还是以认真的心态做了起来。

这时候，正好有隔壁邻居来买东西，看侯先生在忙这些，就问了起来。小伙子就帮侯先生向邻居作了详细讲解。邻居看了一下，说：“你们的手机真的很便宜，上次我儿子买了一款和你们这款一样的手机，还是在苏宁商场买的，比你们的手机贵了近300元。当时就问有没有像你们卖的那种手机。”小伙子就从售前、售中、到售后详细地向邻居作了讲解。

邻居觉得很满意，出于对侯先生的信任，问能不能帮助自己买一部。侯先生爽快地答应了，收了30元的定金，侯先生暗自窃喜，这么简单就卖出去一部手机，也就10分钟的时间赚了30元。

侯先生想，以自己在镇上的为人，大家都比较信任自己，自己一定要好好宣传一下。

第三天上午，手机很快就到了，邻居很满意，和他在苏宁看到的手机一样，价格便宜了将近200元，说还要帮侯先生介绍生意。

在随后的几天里，又陆续有15部手机顺利成交，侯先生每台赚30元，第一个星期他就赢利510元！

侯先生按捺不住心中的喜悦，和女儿们一一打电话分享喜悦。她们也挺为老爸有创业精神开心。

在随后的一个月内，加上侯先生自己对手机越来越熟悉，就不断地和多人介绍，加上女儿帮同事们买的手机，第一个月他就销售了40部。他仔细算了算，第一个月不费什么精力和时间，就额外赚了1200元，除了当初的200元成本，净赚了1000元，是自己百货店平时赚的3倍，这心里真的是别提多开心了。

在接下来的三个月里，侯先生的客户量越来越多，都是大家口碑相传，真的是生意越来越红火。镇上一些卖手机的零售商都会过来看侯先生的手机价格。这些手机价格是深圳的一手价格，相对他们卖的手机来说，侯先生的手机便宜了好多，现在好多人都直接在他这里拿货了。

小伙子一般一周来侯先生这里一次，有人订货了，侯先生就电话告诉小伙子客户订的机型。侯先生想，对于自己这样的老年人来说，不会用电脑，有小伙子这样的合作伙伴，对自己真的是太幸运了。

到了第四个月，侯先生算计了一下，净利润达到了每月8000元。这时候的侯先生心里特别平衡，当时为了生儿子把老师的工作丢了，也就意味丢了老年的生活保障，现在老师的退休工资在他们这里也就3000元左右，而自己虽然丢了老师的退休保障，却带来了老年创业的乐趣，还结交了很多非常信任自己的朋友，心里别提多开心了。节假日女儿们都会回来陪他们，真的可以安享晚年了。

点评与建议

侯先生创业成功的例子说明，创业之路，年轻人可以走，老年人也可以走。

事实上，老年人拥有年轻人没有的工作经验、人脉关系和广阔的市场、客户资源。老年人创业有先天的优势，比年轻人更容易取得成功。有关调查显示，创业的老年人中，确实有很多老年人创业取得了成功。只要自己根据自身情况并认真做好市场调查，选项合理，就可以取得创业成功。

老年创业启示录

提到创业，人们眼前往往就会浮现出一个个意气风发的青年人形象。青年人有热情，有闯劲，也有精力，所以往往会放弃打工，走上独立创业的道路。但是创业这个词，可不是青年人的专利。很多人认为，人到老年，理应尽享天伦之乐。可是有一些激情不减的老人和大器晚成者，他们在人生暮年却留下了独特的生命印记，在创业路上留下了一串深深的脚印儿。他们老有所为、老有所成的精神为老年人树立了良好的榜样。其实，老年人创业是有优势的，如一些老人在某一方面有丰富经验，具有特殊技能。

老年人创业，通常有以下几种原因：一是偿还夙愿。年轻时候的夙愿，因为种种原因而没能实现。到老了，牵挂少了，便毅然走上创业的道路。二是闲不住。退休后觉得无聊，没有事情做，不甘心就此开始养老。三是乐于奋斗。这些老人天生喜欢奋斗，不停地挑战生活。就有如毛主席所说：与天奋斗，其乐无穷，与地奋斗，其乐无穷，与人奋斗，其乐无穷！

老年人二次创业，在老有所为中实现老有所养，在老有所养下实现老有所乐，这显然值得鼓励。从老年人自身而言，一方面，老年人二次创业符合老年人的生理特点，有助于身体健康。“生命在于运动”确是至理名言。老年人积极参加工作，积极地从事体力活动和脑力活动，积极进行社会交往，一定会使老年人心情舒畅，身体更加健康。同时，老年人二次创业有助于心理健康。老年人具有参与社会的强烈愿望，突出表现在渴望群体生活，渴望接受教育或展现自己的才能等。这一情况也符合老年人的实际。

另一方面，老年人二次创业符合老年人增加经济收入的需要，有助于提高物质文化生活水平。实践证明，老年人二次创业能增加经济收入，有利于满足老年人物质文化生活需要，有助于提高他们的生活质量，这对促进家庭和谐、社会和谐，充分体现社会主义制度的优越性都是十分必要的。当然，这其中也不排除一部分退休金收入较高的老专家、老教授，他们退下来参与社会工作的更主要目的，就在于发挥专业特长，继续回报社会，寻求精神寄托，提升人生品位，在“老有所乐”中养老。

由此可见，老年人二次创业，既适应老年人的生理特点，又满足了老年人的心理需求，既可以为老年人的晚年生活增添一定的经济收入，更好地改善他们的物质生活条件，又能更好地发挥其专业特长，弥补我国专业技术人才的不足。

在现实生活中，有很多老年人创业的故事，让我们看到了老年人身上的干劲和老年人可喜的精神面貌。然而，老年人毕竟已经到了一定年纪，身体和精力已大不如年轻的时候。虽然可以选择创业，不过这个时候创业，就有诸多问题需要注意。

第一，创业最好选择自己熟悉的领域。

有文化的老人最好利用自己的专业知识来进行创业，这样可以大大减少创业的风险。

退休老年人与年轻人相比，虽然精力相对不足，但在知识储备、经验积累和对事物的判断等方面往往具有优势。所以，老年人就要发挥出自己的优势，扬长避短。

第二，创业最好从小事做起。

老年人不比年轻人，经不起过多的大风大浪。巨大的挫折和打击，生活的大起大落会对老年人的身心造成太大的影响，直接伤害到老年人的健康，所以老年人创业不宜冒太大的风险。

第三，创业要摆正心态，不要期望过高。

很多老年人创业就是为了打发无聊的退休时光。在这种情况下，从创业中得到乐趣无疑是最重要的。老年人应该做到心态平稳，快乐至上，不要对创业的结果有过高的期望值，而使创业偏离了自己的初衷。

第四，创业一定要和自身情况结合起来。

能创业时可创业，如果身体情况不允许承担过重的劳作，那就不要创业，以免影响健康。对于老年人来讲，毕竟健康是最重要的。所以一些患有心脏病、高血压，或者有其他较为严重疾病的老年人，最好不要创业。

当然，在条件允许的情况下，老年人创业未必不是一种好的选择。老有所为、老有所乐，更何况，在创业中体验到自身社会价值的提升，也是一种莫大的快乐。

正如苏轼在《浣溪沙》词中所说的：“谁道人生无再少？门前流水尚能西！休将白发唱黄鸡！”

第四章
女性创业，为求独立也疯狂

女性，从来都不乏创业的智慧与勇气。为了寻求经济与精神的独立，越来越多的女性把事业和家庭放在了天平的两端，用纤柔的肩膀和男人一道挑起了家庭与事业的重担。谋求经济独立不再是求生的手段，更多彰显的是女性的快乐与尊严。但是不可否认的是，女性的弱点增加了创业失败的困难。因此，本章的故事内容告诉大家的是：创业女性要把握方向，掌控事态的发展，让自己与人、与物保持一定的距离，冷静而准确地做出判断；在创业的过程中必须发挥女人的特质，在市场经济中即使跌倒了也要自己爬起来，这是一种必需的能力。

思想纠结，无法踏出创业第一步

繁重的家务、子女的抚养等耗费了女性大部分精力，特别是家庭经济条件不太宽裕的已婚女性，这方面负担尤为沉重。这令她们无暇顾及工作与事业，渐渐变得琐碎平庸。加上“女人四十豆腐渣”、“做成功男人背后的女人”等传统偏见的误导，这个年龄段的女性往往纠结万分，容易走入成才的“荒漠期”。

红艳是一个3岁孩子的妈妈，虽然平平淡淡地上班，但是却有一颗不安于现状的心，总希望能靠自己的能力闯出一片属于自己的事业天空。目前她最渴望的就是经济独立，希望能够为父母提供一个舒适安逸的晚年，同时也给亲爱的小宝贝一个幸福的家和一个无忧的物质保障。红艳最近一直很郁闷，是勇敢坚定地再次创业，还是踏踏实实地继续上班？真的是患得患失，不好取舍。

红艳知道，在这个物质现实的社会中，只有一颗爱孩子的心是远远不够的，孩子的成长（包括健康、学业、成就等）更需要充足的财力支撑。红艳真的不希望自己的孩子万一哪天生病了却无钱看病，或者自己很想给孩子买一套图书却囊中羞涩。也许是因为做了母亲吧，所以红艳想要保护孩子的心特别强烈，对于整个家庭也更有责任心。

从学生时代，红艳就憧憬着将来能做一个成功的商人。也许是心比天高命比纸薄吧，到目前为止，这也只是一个梦想而已。

红艳的老公是一个安于现状的、小富即安的人，有吃有住就行，现在过得去就行，虽然自己经营着一个门市，但自从认识他几年来一直是那个样子，他好像从来没有想过要扩大经营之类的，现在装饰行业不景气，收入也有限，但他好像丝毫不着急，每天照样喝酒打牌。

对于未来该怎么发展，红艳和老公之间很难沟通，可以说是价值观不同吧。红艳是急性子，老公却很坦然。所以，红艳现在有一种很强的危机感，她常常这样想：万一哪天他们离婚了，或者他出了什么意外，自己有足够的能力养活孩子吗？因为自己现在根本就没见过老公的积蓄。在这种情绪支配之下，红艳就想一定要创业，一定要靠自己！

红艳也知道自己在性格上也是有问题的，比如说太心急，容易冲动，易受挫折，易放弃等，这些都是一些她自己分析的不利于创业成功的个性因素。做事三分钟热度，也就是说干什么事，开始的时候热情高涨，时间一长就厌烦了。也不知是自我暗示还是真的那样，红艳感觉自己的性格真就是那样，所以就很担心自己的创业不能坚持下去。

早在2007年在孩子1岁多的时候，红艳曾经代理过一种品牌的直饮机，终因安装和售后服务跟不上，还有就是资金少而关门。所以红艳对自己克服困难的能力很不放心。失败过一次，就变得胆小了，不太敢再轻易地迈出这一步。回顾上次创业，其实选的项目也有问题，对于初次创业的红艳来讲，在资金、人员都很薄弱的情况下，真是不应该选择那么冷门的行业，所以就造成花费了很多精力却收效甚微，没卖出几台。

总结上次的经验，这次红艳想选择的行业是小吃。在红艳上班的地方有一条小吃很集中的巷子，因为附近有一所大学，每到吃饭的时候就有很多学生蜂拥而至，小吃的生意都很红火。但整个就餐环境却很差，有的人员做工不卫生等，顾客吃得很不放心。所以，红艳就想在那里开一家干净卫生又美味可口的小吃店，主营韩国风味小吃，像紫菜卷、辣炒年糕、炒米肠等。因为现在的年轻学生都喜欢看韩剧，吃韩食，而这附近没有。红艳分析目前的饮食行业情况，觉得小吃行业风险性很小，如果经营得当很容易成功。但她就是苦于没有做餐饮的经验。

一想到要出门学技术，一走就是三两个月甚至更长，红艳就放心不下孩子。可爱的小女儿每天晚上都要妈妈给她讲故事、给她做按摩才能睡觉。每天下班回到家中，女儿是最高兴的了，总缠着妈妈陪她玩，对于那小小的人儿来说，妈妈就是她的一切，就是她的整个天空！红艳真不忍心想象女儿在家中找不到妈妈时的可怜样子，因为女儿从小是自己一个人带大的，非常依赖妈妈。所以就凭这一点，使红艳下不了决心创业。因为小吃生意一旦做起来，就会没黑夜没白天的，晚上10点钟回家是常事，所以女儿肯定不能像现在这样享受充足的母爱了。

红艳非常重视孩子的教育，虽然女儿现在只有3岁，也许是人生中最重要的黄金时期，所以一想到创业要放弃与女儿的亲子时光，她心里就很矛盾，真的是何去何从啊！

不甘心做一个看人脸色的上班族，又硬不下心来舍弃孩子去创业，真是很痛苦，红艳此刻实在是矛盾重重。

点评与建议

红艳的纠结再一次说明，女性对于自我发展与自我实现有着较高的期望，但并不希望以牺牲生活与工作的平衡甚至牺牲部分社会角色来实现。家庭和事业，是女人的终身话题。从大量实践看，将家庭与事业捆绑起来的模式，可能是女性特有的方式。很多时候，女性创业的目的，不仅是为财富的积累，也是为经营好自己人生的体现。即要完善自我，发挥自我价值。

思想决定行为，行为导致结果。因此，找到两者的平衡，关键在于观念和心态。

第一，明确发展重心。

女性在不同的年龄阶段要有不同的发展重心，即所谓的动态平衡。比如说，大学刚毕业，20多岁要多花精力放在工作上，积累自己的实力。二十八九岁的时候好好恋爱，早点生孩子，花三五年的时间处理好家庭问题，解决好后顾之忧。等孩子再大一点，30多岁以后，再花多一点时间放在事业上，可以全身心投入工作。

第二，对自己要有一个正确的角色定位认识。

女性无论在工作中担任什么角色，都要记住回到家里是老婆、是妈妈、是儿媳妇，不能混淆角色。不能说自己在公司是老总，回到家里还是老总，大呼小叫的，绝对是禁忌。在家中女性是从属地位，这是正确的自我定位。

第三，实现家庭和事业的平衡。

每个家庭都有不同的平衡方式，不一定要达到别人眼中的平衡，不一定要达到世俗的贤妻良母的标准，而是达到自己的平衡。只要满足了家庭所需，满足了老公最在意自己的那个方面就可以了，这样达到家庭事业的平衡就显得容易了许多。比如说，有的老公希望老婆少抛头露面，有的老公希望老婆能够给他充分的自由和轻松的环境，也有的老公希望老婆与他有事业上的共同语言，每一个家庭都有自己的平衡方式。

缺乏自我认识，不到两年亏掉百万

调查表明，女性创业者成功率低，也比男性创业更艰难。究其原因，是因为很多女性创业者欠缺对自己的正确认识：有些女性创业前觉得自己很多都不懂，认为隔行如隔山，因而胆小谨慎；有些女性认为自己完美无缺，容易偏执走极端；有的女性在传统行业里积累了部分资金，自认为对该行业有了很深的了解。缺乏正确的自我认识，对创业而言是不利因素，不能准确地认识自己就会导致自己的误判，从而增加成功创业的困难。

由于对自己的认识不准确，有的女性充满创业激情，宁可放弃现有工作而自己去打拼。但一旦从打工走上创业路，发现事实不像自己想象的那么容易，最后反而失败了。齐兰就是一个有代表性的例子。

齐兰38岁，她先后在Y市50强房地产公司、世界500强房地产企业从事管理工作，八年积蓄了上百万资金。2008年，齐兰从Y市一家文化事业单位辞职，2009年初，齐兰和朋友合伙在Y市成立了一家房地产公司，注册资金500万元，该公司还拿到上亿元的项目，包括一栋桥梁和几幢商住楼。

创业之初，齐兰以为自己对这个行业什么都懂了，有经验，懂管理，也有人脉资源，但没想到，自己创业时却完全不是那么回事。时间不长，由于对合作伙伴的资金情况了解不够，很快便出现了资金链断裂情况。最后，不得不将该项目转包给其他企业。

2010年6月，齐兰的房地产公司便关门了。打工八年的收入创业不到两年就全部亏掉了！

为了生计，2011年8月，齐兰又回到了最初任职的文化事业单位。

齐兰认为，自己的第一次创业是花钱买经验，只要创业的激情还在，就没有输。她正在准备再次创业，进军中介行业。

点评与建议

齐兰创业失败证明，由于女人常常以感性认识世界，因此女性创业者更应该了解自己的优点和缺点，在创业过程中要随时提醒自己，以避免由于自己的缺点而导致的误判，一厢情愿是做不成生意的。

第一，了解自身的特点。

女性创业者要了解女性自身的优点，并把它发挥到极致。女性天生有敏锐的直觉，这在激烈的商海中是非常重要的。另外，创造力以及女人的诚实、亲和力、道德观、热情等都是自身的优点，做生意其实就是在做人，如果能把这些都展现出来，那么成功的几率就会很大。

所谓“当局者迷，旁观者清”，一个人在创业前多和朋友聊聊，听听别人的看法，哪怕一些话很不中听，都是宝贵的参考意见，值得珍藏。凡事不仅要从自己的角度考虑，还要学会换位思考，同时也要尝试着从顾客角度去想一想，这对于事业的成功有着重要意义。能让顾客感觉到创业者的关心和体谅，那么创业者的生意想做不好都难。

第二，了解行业。

不论干哪一个行业，都要了解这个行业的本质，这个时候需要理性而不是感性。不可否认，模仿本身能够降低风险，但没有结合自身条件的模仿反而增大了创业的风险。所谓冒险不是蛮干，而是综合自身情况，有勇气去承担创业过程中的不确定因素。遇到合适的项目就应该敢于去尝试，敢于挑战自己，降低风险的途径是事先多了解熟悉相关行业，提高自身综合素质和技能。

根据调查，去做自己本不熟悉的行业成功的几率非常小，要想去某个行业，首先要了解这个行业，做熟悉的行业才容易成功。没有风险的生意是没有的，稳赚不赔的生意可遇不可求。既然有尝试创业的想法，就应该积极去准备，去思考，一旦考虑成熟就应该勇敢地出击。

第三，定位自己。

在了解某个行业后，要确定做这一行业的重点，也就是重点做什么事情，比如可口可乐就是卖饮料，肯德基就是卖快餐，他们都去定位一个点，然后狠狠地去做，简单的事情重复做、坚持做，他们有的都做了一百年。定位的点正确，狠狠地坚持去做，就能取得重大成功。

性格独立土家女艰辛创业路

独立性较强的女性在工作之余或干脆辞职，自己经营一片小天地，待遇不错的工作为她们奠定了一定的经济基础，虽然每个人开店的初衷各不相同，但独立的个性让她们在感情和事业上都选择了单飞。感情和事业的自由单飞，使她们在这过程中学会了调节自己的心态，开店成了她们日思夜想的美好事业。

尚美是一个土家女孩，今年27岁，生活在一个很不发达的西部农村。对于一个农村女孩来说，创业充满了太多的艰辛和困难，需要更多的勇气和胆量。

2005年大学毕业，尚美毕业后在F市一家公司从事药品销售，公司强大的广告营销和人员直销，让该公司在武汉的销售额直线上升。

尚美体会到了原来做销售是件多么愉快的事。

尚美后来换了另一个工作，只是产品不一样，公司的主要产品是化妆品和保健品。尚美的任务就是向各大超市铺货，然后派促销员进店促销。

在工作中，尚美发觉公司的化妆品系列品质很不错，价位适中，她就跟老总说，想回自己的家乡做该地区的产品代理，负责该地区的相关业务。

老总觉得尚美的想法不错，便欣然同意了。

辞职的尚美马上采购了第一批货，回到了××省×××市她的家乡。

那时，×××市这边也正在兴起超市热，但产品进超市要一笔进场费。尚美缺少资金无法进场，就调整思路，先进化妆品专卖店和批发店。货全都铺出去了，只是销售不算太好。

此次尝试，尚美只做了半年。总结这次的短暂创业经历，尚美认为：一是疏于管理，没有经常维护客户，认为只要把产品放在店里就可以了；二是没有占有大的市场，销量上不去。

尚美第二次创业，也是觉得机会不错，只是看准了这个项目，然后就和男朋友开始筹划怎样经营。虽然没有经验，但还是考虑得比较全面，从店址选择、产品包装、人员搭配、市场定位等各个方面进行了全面了解。

尚美的第二次创业是成功的。一年下来收入居然有10来万元，对于她所处的经济不发达地区，真是相当不错的经营业绩。后来，尚美由于生小孩，不得不忍痛将店转让出去。

尚美的性格现在更加独立了。她喜欢独自思考问题，每天站在自家阳台上，看来往穿梭的人群和车流，以及街道上开的店，她会思考这个店适合做什么，不适合做什么，然后看人家是开店做什么的，想想与自己开的店有什么不同……

现在，尚美又投入到创业中，她和老公正准备扩大营业规模……

点评与建议

尚美从创业艰难起步到最后成功，给人们很多启示：作为一个女孩子，在创业中会在人生的几个重要阶段影响到事业的发展，比如结婚、怀孕、生孩子、哺育，这就更加决定了女性创业面临着更多的艰辛。

不论年轻男孩还是女孩，创业都是艰难的。因此，年轻女孩在创业时应该把握如下问题：

第一，选择熟悉的行业和项目。

创业最好选择自己熟悉的行业，这样成功几率较高。一来创业初期业务开展阻力较小；二来能提升专业能力，比较容易在激烈的竞争中脱颖而出。

创业也就是选择一个商业项目起步、操作，普遍来说，适合边打工边创业的项目规模都比较小，但这个再小的项目也是个独立运作的商业项目。既然是商业项目，就得按照商业规律办事，需要操作者具备一定的商人特质和相关前提条件。具备这些条件，才能玩得转，否则，就变成商海大潮中的牺牲品和垫脚石。

因此，一定要看准项目，最好选择适合自己熟悉的行业，找准自己产品的卖点，与同行业有什么区别，另外要考虑同行业的情况，考虑会对自己的创业带来怎样的影响，尽量选择行业中较熟悉的或有市场竞争力的项目去做。

第二，做好市场调查。

在创业前，对各个方面要进行全方位的考虑，从店址选择、产品定位、营销方式、客户定位等，一定要做好市场调查。

第三，正确认识自己。

创业者应该不拘形式，头脑灵活，敢想，独立性强，这就是优势，也是作为没有太多经验而想创业的人所必须具备的。但也要注意切勿过于自信，克服经验不足，在创业过程中一定要认真学习，一定要总结经验，对每天的经营情况进行总结，找出不足，对平时出现的问题及时找出最好的解决办法。

第四，诚信经营。

如果在一个不算发达的城市创业，而又没有太多的外来人时，必须争取老客户光顾自己的生意。在与陌生人第一次交易的时候，对待顾客的态度决定了他以后是否会再次光顾自己的商店。所以在这一点上要新老顾客一个样，一样的态度，一样的服务水平，持久的微笑，这种保持就是最好的服务。

第五，端正创业心态。

作为最初创业者，不是店一开张就能马上赢利，或者说顾客盈门，这需要一个过程。所以必须有一个好的心态和坚定的信念，如果生意好就高兴，生意不好就愁眉苦脸，这样生意是做不好的。

第六，成功了要高兴，失败了不要灰心。

不要对自己过于严肃，尽量放松，这样周围的人也会放松，充满乐趣，显示激情。当工作出现失败时，穿上一套戏装，唱一首乐呵呵的歌曲，其他人也会跟着一起歌唱。

第七，倾听每一个人的意见，让大家畅所欲言。

第一线的员工最了解实际情况，要尽量倾听他们反映的问题和提出的建议，这是全面质量管理的内涵所在。

第八，放弃传统观念，走创新之路。

在其他人都在走老路的时候，如果创业者选择了一条不同的道路，就有可能会发现机会，尽管这时有人会规劝甚至指责创业者，动摇创业者的意志。沃尔玛刚起步时，很多人都认为，在一个不超过5万人的小城镇开折扣商店是没有出路的，但沃尔玛坚定地走自己的路，最终获得了成功。

第九，要坚持。

自己创业，必须要学会坚持，不要因为一时的困难和生意不好而半途而废。创业的过程是孤独的，会有来自各个方面的压力，有鼓励信息，也有不好的信息。要会整合这些信息，然后经过筛选再运用到自己的创意中去。

创业女败于色诱的悲惨结局

谈到女性创业，很自然地就会让人联想到“色相”一词。在很多人的眼里，仿佛女性创业，唯有色相是最有用的法宝。而在现实生活中，也确实有很多不争气的女人，凭着色相去创业。可结果，却往往都是人财两空的悲惨结局。

春兰大学毕业后，被分配在一家国有药厂任文职。一年后，这家国有药厂倒闭了，春兰就通过朋友介绍，做起了外地一家药品厂的医药销售代表来。

医药代表最重要的工作，就是与那些医生打交道，而变着花样送回扣则是这个行业最常用的推销手段。

为了与这些医生处好关系，春兰不惜自己买高档礼品送给他们，还经常陪他们通宵达旦地打麻将。其实，说白了，就是变着花样给他们送钱。

要是光送钱，也就好办了，反正羊毛出在羊身上。可问题是，这些医生都不是正人君子。试想：敢收回扣的医生，能是好人吗？既然不是正人君子，自然还会有更可耻的念头，那就是要玩弄春兰的肉体。

起初，春兰也不肯。可在那些伪君子们的威胁利诱下，春兰慢慢地顺从了。时间长了，慢慢地成了这方面的老手，出卖肉体也就不当一回事了。春兰以为，只要有订单、有钱赚，能帮助自己圆致富梦就行；就算失去了贞洁，只要有钱，哪里找不到好郎君？这么想着，春兰就由最初的被迫顺从，走向了后来的主动勾引。

2010年时，春兰搭上了D市卫生局局长的贼船，摇身一变，成了局长情人，也着实风光了一阵。

可邪恶的人终究是没有好下场的，2010年7月中旬，因涉及贪污，卫生局局长被逮捕了。春兰也因为参与其中而被收审。她的公司也因为违法经营和洗黑钱而被查封。

那些一度热情支持春兰与局长搞好关系的药厂，为了保全自己的财产，也都一下子翻了脸，去法院起诉了她。

在万般无奈下，极度绝望的春兰，在保外就医时，触电自杀了。

她的死，是那么的可怜，又是那么的可恨。

点评与建议

这则故事告诉我们，无耻的办法，永远是见不得人的，也永远是不能持久的。我们都在追求财富，可挣来的财富留不住，又有什么用呢？现实生活中，不乏女性靠自己的努力获得创业成功的典范，她们并没有靠色相创业。女性创业者对春兰的悲惨遭遇，一定要有自己清醒的认识。

如履薄冰苦战商海的下岗女

茫茫商海，在圈外人眼中，也许是个演绎精彩与传奇的地方，置身其中，才真正感受了什么叫尔虞我诈，什么叫弱肉强食，什么叫如履薄冰……竞争是那么的残酷而又不择手段，自然界的生存法则在这里被体现得淋漓尽致，商场，它是没有硝烟的战场。

春天，这个季节本该是卢娟所在单位的销售旺季，但由于经营管理不善，公司内一片萧条，员工工资一减再减。眼看每月那一点可怜的工资连维持自身的生活都成了问题，公司里那些上有老下有小的家庭经济“中流砥柱”们便再也坐不住了，纷纷递上辞职报告。

家庭经济状况较差的卢娟也不例外。赶着这趟“炒公司鱿鱼”的潮流，2002年，卢娟离开了相伴多年的办公室，毅然决然地走出了公司的大门！

按照卢娟的原计划，她打算找个专业对口的工作，继续自己的打工生涯。恰好此时，卢娟丈夫的一位工程师朋友找上门来，说有一个很好的投资项目，问卢娟夫妇是否有兴趣合作。卢娟考虑到丈夫也是个普通的打工族，而且文化水平又低，突然间办个企搞经营管理，有点天方夜谭，再说还需要一大笔资金投入，卢娟劝丈夫放弃。

但是，十多年的打工生涯让丈夫也同样受够了老板的窝囊气，此刻有这么个翻身的机会摆在面前，他说什么也不肯放弃，非要一搏而后快。卢娟钦佩丈夫的勇气，可她知道，成功的要素很多，光凭勇气是远远不够的。

俗话说：三十而立。看着三十有六的丈夫，卢娟觉得自己不应该挫伤他的创业激情，虽然怀疑他的能力，但也不能不给他机会，于是，卢娟取出了结婚以来的所有积蓄，并借了5万元的债务，给丈夫做了创业基金。

那一刻，卢娟在心中默默祈祷：希望这笔钱能成为丈夫创业的奠基石，更希望在这块基石上能矗立起他的事业大厦。

一切开始着手进行，但很快遇到了麻烦。因为卢娟的业务面较广，所以建了个企业网站。有了网站就需要有人管理这方面的事务，专业人员嫌庙小，不肯前来。鉴于卢娟会操作电脑这一点，丈夫就以“义不容辞”这个理由，把她这个唯一的家庭经济收入者也拉进了他的公司。从此，卢娟和丈夫便面临了家庭财政只出不入的窘境，让她感觉到了一种背水一战的悲壮。

公司在卢娟和丈夫的努力中开始运行，领执照，办手续，招工，进原材料，技术攻关……经过几个月的加班加点、辛苦奔忙后，产品生产出来了，可是却没有任何客户来电来函咨询洽谈。于是，卢娟便把精力从产品的开发及生产上转向了销售。她首先跟网络公司联系，给自己的企业网站在互联网上作推广。然后又找来一些行业性的刊物，查找一些潜在客户的资料，主动跟他们联系，向他们推荐自己的产品。在这期间，碰到些素质高的，他们会对卢娟说“有需要的话我再跟你联系”；有时运气不好，碰上个不可一世的客户，会在卢娟话还没说完时就给她挂了机，或者是在卢娟刚说明来意时就冷冷地丢下一句“我们暂时不需要！”创业路上，卢娟品尝了第一杯苦酒。

紧接着，卢娟他们的运作资金又发生了困难。由于开业数月以来，公司只是生产而未做任何销售，导致产品积压，资金无法回笼，周转日趋艰难，账户里的资金所剩无几，如果再不进材料，车间就要停产。怎么办？自然而然的，卢娟想到了贷款。跑了几家银行，求了不少朋友，结果是无功而返。无奈之余，卢娟和丈夫商量着再分别去向一些好友借贷。跑酸了腿，磨破了嘴，总算是筹到了一些钱，解了燃眉之急！

喘过这一口气，卢娟依旧不停地打电话四处联络，希望尽快拿到订单，使公司的生产与销售形成一种良性循环。

苍天不负苦心人，卢娟的努力终于换来了一些反馈信息，其中有一家湖南的进出口贸易公司跟她联系得最勤，对方详细询问了卢娟产品的性能、价格、技术参数等有关事项。经过电话中的多次磋商后，终于达成了合作意向，并让卢娟派人前去签订合同。那一刻的激动，卢娟和丈夫真是难以言表。

次日，公司的业务员便启程奔赴湖南。一下火车，对方便用车把业务员带进了饭店，要卢娟的业务员先拿2000元钱请他们吃喝玩乐，完了以后再签约。业务员见状不妙想离开，无奈他们人多势众，而且当时已落入他们的圈套。为了全身而退，业务员不得不"捐赠"了1500元给他们。

第一次做生意，卢娟就栽了个大跟头。合同没订成，账户上倒又支出了几千元。

有了这次沉痛的教训，卢娟开始认识到，商海行舟，害人之心不可有，防人之心不可无。长长地叹息过后，卢娟又打起精神，一切又照常运行。

经过一番努力以后，卢娟又与山东的一家单位达成了合作意向，并通过各种渠道确认了对方的可靠性，随后，便顺利地与这家单位签订了合同。在同类企业中，这是山东最大的一家。

一切都是那么顺利，让卢娟觉得漫无边际的黑暗就要过去，黎明的光辉就要普照大地，长久以来饱经沧桑的心得到了些许安慰。

为了做好这第一笔业务，卢娟做了大量细致的准备工作，希望能给客户留下良好的印象，为今后建立长期稳定的合作关系奠定基础。

发货前，卢娟兴冲冲地打电话给对方，告诉对方货物到达的时间及地点，并让对方把货款给汇过来。可出人意料的事情又发生了，对方的那位先生用歉疚的口吻告诉卢娟："对不起，因为我们这边的情况发生了一些变化，原来订的货我们不要了，下次有机会再合作。"

卢娟有权告他们违约，但她想，如果这么做，自己失去的不止是这一家的业务，而可能是自己在整个山东方面的声誉。

卢娟拿着话筒的手在微微颤抖，一颗心从五分钟前的沸点变为现在的冰点，如果成功会回答，卢娟真想问问它：我们到底要怎么做，要受多少折磨，要担多少压力，要流多少眼泪，要积多少心酸，才能得到它！

第二笔业务又泡了汤，卢娟没有起诉，一是因为对方的实力太强大了；二是因为自己现有的精力、财力都不允许。站在长远利益的角度上，卢娟决定用宽容来处理这件事。

在业务一笔都没有做成的情况下，周转资金又一次陷入了危机。此刻，卢娟和丈夫面临的是家庭与公司双重的经济压力。孩子读书要花钱，日常家用要花钱……可卢娟早在丈夫拉她进公司共同奋斗时，就已经失去了经济来源。如今，能借钱的亲戚朋友那儿都借了，公司那边也在等着钱用。"金钱不是万能的，但是没有金钱却是万万不行的"，卢娟深感这句话绝对是千古真理！

卢娟被无形的压力困扰着，她感觉身体越来越差。家人几次敦促她去就医，但考虑到钱的问题，她一再推托，咬牙强忍着。终于有一天，卢娟再也支持不住，晕倒在办公室里。

当卢娟醒来的时候，她看到的是父兄心痛而焦急的目光，母亲的泣不成声，更有丈夫的羞愧难当……辛酸的泪水沿着卢娟苍白的面颊滚滚而下。

老父亲把他仅有的一点钱塞在卢娟的手中，并告诉她："你的健康对我们来说比什么都重要。"年幼的女儿紧紧地搂着卢娟说："妈妈，我以后不再吃零食了，我要把钱省下来给你看病……"卢娟再次哽咽。

可能是上苍目睹了这感人的一幕后起了恻隐之心，卢娟的第三笔业务在她病后几天顺利达成。公司的账面总算有了第一笔收入，虽然数目不大，但对于卢娟他们来说，它是那么的来之不易，数字是有限的，但它带来的激励和鼓舞却是无限的。

在黑夜里徒步了这么久，总算是看到了一线曙光。卢娟又开始变得信心十足，热情高涨。

真是好事成双！这时又有一位客户打电话来跟卢娟联络。这位客户的需求量很大，要求也特别高，但卢娟对自己的产品品质方面有足够的信心。

一段时间的接洽后，交易对方对卢娟的设计图样及安装方案均十分满意，于是，双方约定了签约时间与地点。半个月来的辛苦和努力又得到了回报，卢娟的心中充满了感动与感激。然而，突如其来的一纸律师函，又让卢娟的美梦变成了南柯一梦。

就在卢娟安排人员前去订合同时，一纸律师函恰在此时被送到她的手上。这是由卢娟邻近的一家竞争单位委托律师发来的。信中说：卢娟的产品中某个部件侵犯了他们的专利，他们有权起诉并要求赔偿；不过，对方会就卢娟的行动作出相应的处理决定。

这明摆着是对方打听到了卢娟即将与一家大客户签约的信息，欲要挟卢娟把订单拱手相让。

卢娟的工程师愤愤难平，他十分肯定地告诉卢娟："图样是我独立设计完成的，之前也查阅过有关专利，确实不可能存在侵权行为。"

关于这一点，卢娟也坚信，但此时她的心中最担心的，并不是自己是否真的侵犯了他们的某个专利，而是想到产品投放市场以来，由于各方面的原因，一直没有去申请专利，万一对方在此之前，钻了自己管理上的空子，通过某种途径，盗取了自己特制的产品部件，并且先行一步，用卢娟的产品注册了属于他们自己的专利，如果是这样的话，后果真的不堪设想！不但在家生产加工完的大批部件都要报废，而且自己还要接受对方的巨额索赔。严峻的考验又一次摆在卢娟的面前。

紧急商议之后，卢娟和丈夫分头行动。滂沱大雨中，各自揣着一颗忐忑不安的心四处奔波。

律师告诉卢娟："在真相没有查明之前，必须暂停一切业务往来，以此减少原告方的索赔额。"不得已之下，卢娟打电话给正在等待自己去签约的客户，请求暂缓，理由是业务部人员紧，一时调不过来。

在食不知味、夜不能寐的焦虑中，卢娟他们度过了毕生难忘的一个星期。一星期过后，专利局的检索报告显示，对方的产品根本就没申办任何专利，卢娟的产品也未被他们抢注。

回过神来的卢娟立刻为自己的产品申办了专利，然后想到的是被冷处理一星期的客户。

带着内疚的心情，卢娟拨通了对方的电话，对方遗憾地告诉卢娟："就在三天前，你们那儿的另一家单位派业务员过来，以跟你们同等的价格及服务把订单拿走了。本来是不想跟他们签约的，只是因为那位业务员透露，近期你们公司因侵权遭人起诉，面临巨额赔偿，濒临倒闭，而你们又一再推迟签约时间……"

办公室一片沉寂，真可谓是无语问青天，又是一个深刻的教训！虽然说这次事件让卢娟发现并完善了一些以前忽略的问题，但她付出的是直接经济损失13万元的昂贵代价！回味着竞争对手"高超"的竞争手段，愤怒与无奈的表情在卢娟和丈夫的脸上一览无遗。

商海茫茫，卢娟正置身其中，成功离她或许仍很遥远。但可以肯定的是：不断的努力正在慢慢缩短卢娟与成功的距离，越挫越勇的精神终将让她走出困境，拥抱光明。

点评与建议

初涉商海，不可能总是风平浪静。失败、挫折也在所难免。但失败的经验和教训值得总结。唯有如此，才能重整旗鼓，东山再起。

第一，擦亮眼睛。

现在，“选择好项目，轻松当老板”，“投资少，见效快”等越来越多的加盟代理广告出现在电视荧屏、报纸上，一些商铺招牌也会用很醒目的字写着“第几加盟店”或是“加盟代理电话××××××××”等，这些具有诱惑力的语句使一些一直想自己创业的人有了投资的欲望。

对于初涉商海的人来说，要擦亮眼睛，识别虚假加盟代理广告，根据自身情况进行选择。如果真的想代理某个品牌产品，不妨多角度进行分析：

所代理的产品质量是否可靠？信誉是否有保证？市场对该产品的接受程度如何？

在市场中有多少同类产品？

该产品的代理商的规模如何？是否有稳定的客户群？

产品的售后服务水平如何？

思考先期投入多少资金？要避免盲目扩大规模，更不要轻易投资陌生领域，对未来的预期心理也不要过高，做最好的规划，做最坏的打算。

总之，要多方考虑，谨慎从事，这样的话，失败的可能性就会减少许多。

第二，与人打交道要警惕，不要过分相信人。

在生意场上的朋友算不得真正意义上的朋友，他们仅仅是买卖关系的朋友，一旦买卖关系结束，这种朋友的感情也会淡薄。不要指望对方会给自己多少帮助。有位作家说过，政治家下台了还有一群追随的人，商人、经理下台了（失败），是不会有多少人追随的。胜者为王败者寇，商场有时比战场更加残酷。

第三，不要向外赊账。

在没有了解对方之前，不要向外赊账，以免收不到货款而“钱货两空”。可以因为资金周转问题而低价出货，但不能因为急于做成生意而盲目发货。即使因为没有同意赊账而丢了生意也不要后悔，因为自己的货还在，还可以卖给别人。

第四，要懂得市场行情，该出手时就出手。

有时做生意也要讲点缘分，有的冷门货在转眼间就变成了热门货。如果不及时出手，可能就要失去赚钱的机会。当然，准确地掌握市场行情不是一天两天就能够做到的，这需要经营者具有丰富的经验和市场敏感度，初涉商场者要慢慢学习，不要盲目跟风。

第五，备足货源。

货源要充足，热门货、招牌货的数量一定要备足，不要因为货物数量不够而影响自己的生意。如果客人光顾几次都没有买到货，以后他可能就不会再来了。

第六，恪守诚信原则。

要诚实守信，不要卖假货、差货。要对客人说清楚货的规格、质量，不要为了提高销售量而撒谎。

第七，注意保护知识产权。

知识产权保护是创业的命根。对于创业企业来讲，知识产权保护尤其重要，保护知识产权就是保护企业的核心竞争力。很多企业在创业初期由于资金等方面原因，没有请法律顾问，有的虽然有法律顾问，但往往是象征性的，出了问题才想到法律顾问。防重于治，这是企业管理的一条基本原则，在应对法律问题上也同样适用。

创业企业一般都是伴随着创新而产生的，这种创新可能是一种新产品，也可能是一种新的经营模式。创新也正是创业企业产生超常规利润的源泉，只有建立全面的知识产权保护体系才能保证企业的创新成果不被他人剽窃。全面的知识产权保护体系至少应该包括五个方面：

一是商标注册。商标是区别不同生产者或经营者所生产的商品或提供服务的标记。麦当劳、肯德基并没有任何有技术含量的产品，它们正是靠商标来保护自己的经营服务特色。

二是专利申请。专利申请是一项技术性很强的工作，一个产品往往可以申请多项专利，怎样申请专利才能使自己的产品得到有效的保护，需要经过仔细研究和反复推敲。一个小小的手机，就有几千项专利。

三是版权保护。很多产品往往够不上申请专利的标准，但它却是企业投入成本自行设计的，这就需要进行版权保护。我国的版权保护法律制度正在逐步完善，除了著作权法以外，还有计算机软件保护条例、集成电路布图设计保护条例等专项法规。

四是企业内部控制制度建设。创新是由人完成的，从事创新的人才是企业的核心。规范好企业与员工的关系可以有效预防知识产权纠纷以及不正当竞争行为。比如企业与员工除了签订劳动合同以外，还要签订保密协议、同业竞争限制协议；在企业投入力量研发之前，先明确知识产权的归属等。

五是外部的防范措施。这也是一个重要的环节，由于我国的知识产权保护法律制度不够健全，执行力度有限，而且证据的取得是知识产权诉讼的一大难点，所以采取一些事前的预防措施往往可以产生事半功倍的效果。比如，靠版权保护的工业产品，在销售场所、产品说明书上注明关于版权保护的警示，既可以对盗版者产生一定的威慑作用，又会给日后的取证提供有力帮助。防厂家盗版往往很难，而堵住销售环节相对容易一些，但我国法律制度对于销售者而言，有一个“不知者不怪罪”的原则，所以事先让销售者“知”是很重要的。

合作方选择不慎，导致创业失败

创业者选择合作方一定要谨慎，要对对方有全面的了解。创业不仅需要激情，还需要有一套完善的监督机制，以监督制约合作方。也不能因为合作方是朋友或熟人关系而公私不分。创业之初，一个决定往往是一个人拍拍脑袋就定了，像这样因为选择合作方导致失败的情况非常多。

刘燕参加工作快八年了，没什么成就，打工也没有一点希望。随着年龄的增大，刘燕越来越想自己做点什么，由于打工时间太长，受思想束缚以及经济等多方面因素影响，很多时候还只停留在空想阶段，这次是下了决心，想开一家洗衣店。

有了想法就去看店铺。刘燕不看不知道，一看才发现不太合适，当初她考虑在自己家附近搞，这样方便照顾家里，做了初步调查后发现有两种情况：一种是直接出租的小区楼无转让费，月租7万元到1万元不等；另一种是有转让费，是4万元至8万元的公寓楼。最主要的是人流量都不是很大，很多店都是开段时间就关闭了。

刘燕做事还是比较谨慎的。经过认真思考，刘燕觉得自己没一点做生意的经验，如果盲目投资可能会损失很大，所以暂时放弃做实体，再考察考察。

以前年轻不考虑太多，有个班上就混，现在要面对现实，再不努力的话，过几年年纪一大，那可就真的很麻烦了，趁着年轻还得折腾。刘燕这样想着。但做什么呢？迷茫！

就在心情低落的时候，有一天，刘燕突然看到财经频道介绍一位淘宝成功卖家。看了别人的介绍，刘燕有些心动，想尝试尝试。

就在这时，刘燕的一个朋友也放弃了工作全职做淘宝卖化妆品。跟朋友进行了简单的沟通，再加上看了几个成功的范例，坚定了刘燕进军淘宝的决心。

刘燕想得比较简单：上班整天看老板的脸色做事，自己做淘宝先说自由，时间自己支配，进些货，网上聊聊天，卖掉货就好了，一年还可以给自己休个长假去旅游，多美的日子！

说干就干！刘燕选个周末就把网上银行开通了，接下来给支付宝充值。值也充了，接下来就考虑卖什么了。衣服？自己信心不太足，搞了几年技术人都傻了，自己都穿得乱七八糟，怎么上货呀！卖衣服这种想法放弃。卖家居饰品？刘燕又去淘宝市场初步考察了一下，发现大部分卖得都不太好，以后靠这个做全职应该不行，刘燕又放弃了。

迷茫之际，刘燕想逛逛淘宝，找找灵感，到处瞎看。她发现黛安芬内衣卖得很火，很多卖家一年就卖了很多件。刘燕很激动，内衣？好呀！不涉及流行问题，比较适合自己，今年卖不完明年可以继续。

刘燕也没考虑过多，也没向谁咨询，就去阿里巴巴搜黛安芬内衣批发商。经过半天的搜索，找了家图片比较漂亮的批发商，就用旺旺联系。谈批发价，谈多少件起批，好像其他的也没问什么，刘燕糊里糊涂就冲动下单批了10件。

拿到货的那个早晨，刘燕还挺激动。打开包装，看到一个一个产品时，她很失望，因为质量比较差。第一次批发以失败告终，亏了300多元。

失败没有打击刘燕的积极性，虽然有些郁闷，但她还是不想就这么放弃，决定继续找！找了一段时间，都没找到合适的供货商，就把批的那几件女士内衣挂到网上，想试试按批发价卖掉。没想到还真有人来咨询。经过跟买家的初步沟通，刘燕发现卖女士内衣也比较麻烦，涉及的码数款式太多，很容易积压货物，想想太复杂，刘燕又放弃了。

刘燕决定重新选择方向。这时，同事的一句话提醒了她：CK内裤，CK内裤网上卖得也不错（包括很多假货）。刘燕想，内裤不错！码数涉及不多！有了方向，刘燕的激情又来了，马上找供货商。

经过几天的研究，刘燕找了家深圳的供货商，看看网站做得很漂亮。因为离家比较远，也没有实地去考察，就在网上向客服小姐咨询。

有了第一次经验，这次最关心的就是质量，好的质量加好的服务，生意才会长久下去。

客服小姐说："产品均为出口余单，吊牌水洗标和专柜一样，专柜有的，我们有，专柜没有的，我们也没有，这点客户可去专柜比较验证。欢迎专柜验货，接受支付宝付款。"客服的几句话，刘燕就相信这次一定是正品！

刘燕激动呀！因为好的货源就是迈出了成功的第一步，真的以为自己找到了正品。

刘燕第二天就去下单，这次和同事一起下的，每人买了18件，36件起批，订单发了打算付款。客服小姐把支付宝账号给刘燕了。在付款过程中，刘燕发现，不对呀？怎么是即时到账？刘燕之前没认真研究支付宝，不知道支付宝还有即时到账的功能，总以为支付宝付款都是先把钱打到第三方存管，货物确认后再把钱打给供货商，发现是"即时"到账，刘燕有点犹豫，多少有些担心，毕竟社会骗子多呀。

刘燕又向客服小姐咨询了些问题，客服小姐还不耐烦了，说她不是真的打算批发，让她再考虑清楚，决定批发后再和他们联系。刘燕一看，估计不是骗子，就把钱打到了他们账上。

刘燕周五下的单，周日在家等了一天货也没到，快递说周一晚上送过来。上着班时，刘燕还时不时想着自己的货。终于熬到了下班。晚饭吃到一半时，货到了。饭也不吃了，马上拆包看货。但是看到袋子的一瞬间，她感觉档次太低。翻出一件一件看，真的是彻底失望了，手感、做工都很差，是标准的小作坊仿的！

真是好事多磨呀！又一次以失败告终，几百块钱又打水漂了。实在没办法，刘燕准备拿着这种质量的产品充当正品去销售。但又一想，做生意还是要诚信，特别是在网上，所以这18件内裤只能在家里躺着睡觉，不能见光。

刘燕心情低落，批了两次都以失败告终，心里很不舒服。本来是抱着很大希望，可结果却是失败，郁闷！

刘燕反思了两天，没有什么新的决定，但又不想放弃，就开始在网上跟多个朋友、同学发牢骚。有的人安慰；有的人劝她放弃，好好工作；有的人建议她卖服装。反正给了多个建议。

就在刘燕快要放弃的时候，一个朋友说他可以给她介绍个CK原单正品供货商，质量绝对没问题，价钱有点小贵。可以先给她拿两个样品，去专柜验货，确认没问题后，再谈批发。

搞了这么久，都没进到好货，刘燕希望这次能够走出真正成功的第一步！

点评与建议

刘燕的问题主要还是经验不足。一是她只找了一家供应商，没做任何质量、价钱对比。二是没了解清楚质量怎么样，是不是正品，就冲动下单。可见刚开始入门做生意，头脑真是简单。

创业者因急于发展自己，对合作方的信誉、实力疏于考察，极易为创业留下隐患。在涉及资金投入时，一定要强调资金的到位期和资金到位的比率。创业者在合作前，务必对合作伙伴进行全方位的调查研究，对合作伙伴的品行、经营能力、资金实力等，都要有翔实的了解，以减少投资风险。

怎样考察合作方呢？首先必须是正规的登记过的公司，那么营业执照就是一个参考，从营业执照可以看出企业登记成立的时间，时间短的就不一定稳定了。记住执照上的信息、法人代表、成立时间、企业名称，看看与他们提供的是否一致。如果不一致，那么就要注意了。还有注册资本，可以反映他们的资质。

如果是高科技企业，应该从企业的技术人员组成、设备配备以及科技成果等几个方面进行考察，判断其技术含量和今后的发展动力如何，银行的开户情况，可以反映出一个企业的资金流通门户，可以反映出一个企业是否诚实信用，有无恶意逃避债务和诈骗的嫌疑。财务报表可以反映出一个企业的资产负债情况、资金使用情况和利润多少以及分配情况，可以反映出企业是否应收账款过多，是否容易引发资金风险。

然后就是看他们的口碑了，可以在网上或者报刊上看别人对他们的评论，特别是信誉方面的。无风不起浪，有人说他们不好，一定有什么原因的，看看是他们自己做得不好还是有其他原因。

如果信用方面的问题解决了，就要看双方合作是否有共同的和潜在的风险。评估风险、认识风险才能共担风险，把风险的影响降到最低程度，以谋求双赢。那些不成功的合作往往都是因为对潜在利益估计过于乐观，而对风险估计不够全面，所以想要选择好合作伙伴，就要好好地做全面评估了。

女性创业启示录

最近的一项专项调查表明，女性创业者占女性人数的比率很低，有的甚至从来都没想过创业，而在女性创业者中成功的创业女性所占的比率比成功男性创业者又低很多。

女性创业较之男性创业艰难，主要表现在以下几个方面：

一是安于现状，缺乏创业欲望。在一项随机抽样调查中，50.1%的女性表示根本没想过创业。她们有的满足于生活现状，不想有所改变；有的怕承担风险；有的贪图安逸，怕吃苦受累；有的宁愿吃低保，也不愿创业。创业往往需要打破现有的生活秩序，承担一定的风险，要有一定的牺牲精神。调查中，女性有创业意愿的比男性有创业意愿的低4.6个百分点。

二是筹资渠道单一，创业资金不足。有的女性认为，“资金短缺”是影响自主创业的第一因素，在创业失败的女性中，很多是因为资金短缺而遭遇“滑铁卢”。虽然有关部门可以提供“小额贷款”，但手续烦琐，担保困难，不容易办成。“巧妇难为无米之炊”，没有资金，再好的创意、再好的创新技术也难以化为现实的生产力。

三是性别歧视，社会舆论对女性创业不公正。女性创业往往被冠上“女强人”的刻板印象，或者被认为是“不安分的女人”。社会舆论对创业女性的歧视严重影响了女性创业的热情，很多女性创业者呼吁应当给女性创业更宽松的环境，更公平的待遇。

四是传统观念影响，女性创业存在心理弱势。从心理学研究的成果看，男女对于成就的需求各不相同，策动男性追求成就的心理关键是“竞争”，女性的动机却是“社会的接纳”，加之传统的“男主外，女主内”的观念和生理因素使女性对创业产生了自卑心理。许多女性宁愿相夫教子，而不愿创新创业，女大学生中“干得好，不如嫁得好”的认识颇具代表性。即便已经成功创业的女企业家，依然把应付繁重的家庭负担作为自己应尽的责任。男性创业往往是没有包袱，轻装上阵。心理弱势成为女性开拓创业的最大心理障碍。

五是心理素质决定成败。创业者必备一些心理素质，例如敢于承担风险，有冒险精神；能够审时度势，判断准确，出手果断；具有经营头脑，能够将个人兴趣、理想与企业组建经营结合起来等。

女性也有自己的一些特点，如果这些特点把握得好，可以成为创业的优势。

首先，女性的天生敏感如果用得不好，就会变成多疑、小心眼，但如果用心培养，可以变成对商机的敏锐，将之变成创业优势。

其次，女人天生脆弱，但也有男人都难比的韧性，有难过的事情哭一场，哭完了继续做事，女人要学会承担风险化解压力。

再次，女性长于沟通，善解人意，有亲和力，应该把这样的优势，融入商业决策，在生意场上营造温情效应、回头效应。不少创业女性在经营中有不求大、只求好，不求快、只求稳的特点。这会使她们错失一些企业发展的机遇，或者在面临变局时裹足不前，但从另外一个角度看，这些特点也可以使企业稳定发展。

在这里，有关专家根据女性的性格特点，拟出下列五类以服务业为主的领域，可供创业女性参考：

其一是创意服务类。以创意、执行为主要工作内容的职业，适合需要自由不受拘束的创意工作者。由于在工作地点上非常具有弹性，因此也适合想兼顾家庭的SOHO族。包括企划、公关、多媒体设计制作、翻译、编辑、服装造型设计、文字工作、广告、音乐创作、摄影、口译等。

其二是专业咨询类。以提供专业意见，并以口才、沟通能力取胜的行业。由于工作内容与场所都富有高度弹性，因此跑单帮游走各家企业或成立工作室的可行性也极高。包括企业经营管理顾问、旅游资讯服务、心理咨询、专业讲师、美容咨询顾问等。

其三是科技服务类。在网络及电脑科技如此发达的情况下，拥有相关专长创业机会相当多。包括软件设计、网页设计、网站规划、网络营销、科技文件翻译、科技公关等。

其四是补教照顾类。提供儿童教养与老人看护的服务，包括才艺班、幼儿园、居家护理、家事服务等。

其五是生活服务类。主要以店面经营方式，可分为独立开店与加盟两种。较适合之业种包括西点面包店、咖啡店、中西餐饮速食店、服饰店、金饰珠宝店、鞋店、居家用品店、体育用品店、书籍文具租售店、视听娱乐产品租售店、美容护肤店、花店、宠物店、便利商店等。

总之，女性创业，要大胆去做、细心揣摩、精挑细选、不可急躁，只要做到以下几点，相信大多数女性朋友都是可以通过创业来实现自己的梦想的！

第一，量力而行。

创业其实并不像人们想象的那么有压力。为什么这么说呢？打个比方，年销售额100万的企业能赢利，销售额100亿的企业也有可能倒掉，关键是你的资金和做的事情要相匹配。

有一个从事女性私密保养的“女性密语”专卖店，最低加盟费不到2万，加上房租、人员工资等，基本上五六万就可搞定，最好的年利润数十万元。五六万在大多数创业者眼中其实并不困难，再说这个数字实际上还可能用不到。也就是说，你有五六万的资金，就应该去做五六万的事，一些企业加盟费动辄数十万，对于大多数创业者来说，不倒掉才怪。

第二，自我减压。

在心理素质上，其实女性创业者并不需要想太多，只要问下自己，还想不想找家公司稳稳当当地每个月拿千八百块钱？如果不想，大可放胆去做，因为真正已经开始创业的人事实上是没有什么压力的，反倒是一些想做还没做的觉得瞻前顾后，看来压力还是自己给自己的。

第三，做好协调。

在工作之外的家庭关系中，女性多半扮演“协调者”的角色。一些成功的女性在家中也以管理者自居，喜欢对丈夫及家人发号施令，很容易引发矛盾。还有些成功女性对工作以外的事情一概没兴趣，每天晚上加班到10点，回家倒头便睡，周末不是出差就是应酬。确实，工作的目标就是追求成功，但成功不能忘了享受生活。一切都要回到“生活”这条轨迹。女性在家庭中的角色应该是“快乐制造者”，有义务为家人安排丰富多彩的活动，让他们从中感受到生活的乐趣，而不仅仅是个“女主人”。八小时以内，专心工作，尽量减少不必要的出差和应酬，越简单越好；八小时以外，专心陪家人，把生活安排得越丰富越好。

第四，克服依赖。

创业女性首先还是女性，所以她们的心理依赖是很难完全克服的。其实也没必要完全克服，创业女性适当的依赖感正是她们比男同事亲切、容易接近的表现。合适地表达这种依赖感，反而有助于建立同事间的融洽关系，这正是女性的优势所在。

其实绝大部分男性喜欢温柔顺从的女性。所以当有女性向他们求助时，除非有深仇大恨，一般都是很乐意拔刀相助的。看到身边的女性对自己有依赖感，大部分男性都会暗自得意，似乎满足了一种虚荣心。但对于有过分依赖倾向的女性，又会觉得“这女人真麻烦”。因为男性可以接受的是“适度依赖”。什么是适度？既让男性有救人于危难中的自豪感，又不要难得把自己累倒，或是根本帮不上忙反而让他出丑。所以，作为女性创业者，适度的依赖心理反而更有利于用人。

第五章
夫妻创业，追求幸福也疯狂

夫妻店的成本是最低的，而且夫妻在一起的时候比任何经营团队都要多得多，经营方面的沟通和交流也更多。这对企业发展是十分有利的。但是，夫妻创业档的失败有时比其他创业模式更为惨重，往往是人财两空。因为夫妻创业有可能使一个家庭由双薪收入转为单薪收入，如果资金、创业和情感平衡失度，不但增加家庭的生活压力，严重的话更有可能造成夫妻失和。所以，有关理财、情感、事业的问题不容忽视。本章夫妻创业失败故事及其评述，可以让我们看到怎样来协调和解决这些问题，以利于维护家庭稳定和事业成功。

只凭兴趣，年轻夫妻开店忙

你必须在自己熟悉的领域内进行创业，绝对不能在没有相关经验的条件下创业。这是大家都明白的道理。对于那些缺乏行业相关知识的夫妻档来说，失败的概率是很高的。

吴庆和妻子都是2005年的大学毕业生，他们是同学，结合在一起的原因，除了同学关系以外，更主要的是两人志趣相投，尤其对家庭宠物，更是兴趣盎然。吴庆在C市工作一年多，做网络销售小有成绩，就觉得自己什么都可以做好。他不甘平淡的生活，想要证明自己的能力，就和妻子在C市T区开了一家宠物店。

吴庆他们从选择店铺开始，一切都自己努力，自己装修。前期店铺装修，就是往墙上贴了动物瓷砖，做了隔断，做了实木展示柜，买了沙发床和杂志架子，两人都觉得没有什么。等到进货时，才觉得什么都不是那么容易，尤其是进入一个陌生的行业。自己和妻子就是喜欢宠物，所以就毅然选择了新的事业，新的起点。

吴庆和妻子精打细算，能自己动手的就自己动手，结果还是花了3万多；又装配美容工具、洗澡盆、热水器、美容台、宠物笼，还买了电视；又买了宠物用品、宠物衣服、宠物浴液、宠物粮、宠物玩具，真是琳琅满目，觉得小狗、小猫真幸福。又花了4万左右，觉得这钱怎么这么不经花了！

宠物店刚开业，吴庆为了做宣传册花了1000多元，做会员卡又用了800元。又雇用了一名宠物美容师，每月底薪800元，每只狗美容提成10%。

由于成本过高，吴庆后来就让妻子去学习宠物美容，交了7000元学费，妻子学了一个月，回来几天后，恰巧他们的美容师要回老家，从此，店里的宠物美容都由妻子做，并且妻子也得到了顾客的好评。无奈的是，他们店铺所在的小区消费水平有限，并且养宠物的也不是很多，所以生意一直没有什么起色。

吴庆夫妇想到，开一家宠物店怎么能没有宠物？所以就和妻子挑选了一只贵宾犬，花了2500元，这只狗可成了他们的最爱，它叫“臭臭”，臭美的“臭”。臭臭可是非常的聪明，每次干了坏事儿，都躲得远远的，怕主人生气说它；店里有好多狗狗零食，它嘴馋的时候就在主人的身边蹭啊蹭地撒娇，直到主人从柜子上给它把零食拿下来。让人记得最清楚的时候，是他们晚上睡觉，把沙发床打开，去关门，等一回头，就看见臭臭早早地已经爬到床上，赖到床上不下来。说起臭臭，真是让两个人有说不完的故事！

吴庆夫妇都非常喜欢猫狗，那天吴庆姐姐的一个同事捡到了一只猫，她的同事知道吴庆夫妇开了家宠物店，所以让吴庆姐姐把猫带了回来。从这时起，吴庆夫妇经常捡一些流浪猫。

有一天，吴庆夫妇像平常一样在店里等着客人的到来，有一个中年男子进店就说：“你们门外头有一窝小猫！”吴庆夫妇出去一看，好可怜的一窝小猫！身上原本白色的毛发弄得脏兮兮的，身上还能看见黑黑的跳蚤屎。吴庆夫妇就留下了那五只小猫。妻子立马把小猫抱到美容室，给小猫洗澡，又给小猫喷了跳蚤药，然后把它们放在小笼子里。到了晚上，吴庆提起小笼子，看到笼子底下有好多的死跳蚤，看得他头皮直发麻，赶紧把小猫拿出来，把它们放到了单独的猫笼里，让几个小东西在猫架上好好地玩儿，等着消毒，之后又洗个澡，确定小猫身上没有了跳蚤，他们才放了心。清洗完成后，都已经夜里12点多了。

那段时间，吴庆夫妇的生活有着固定的规律，每天早上起来清理猫沙。店里有五六只大猫，那些猫一晚上能用掉半袋儿猫沙。店里的猫沙基本上都是它们用的。然后就要消毒，一开始用的“84”，后来他们发现有专用的宠物消毒液，又进回来消毒液，宠物消毒液的价格也不低。然后给几个小东西轮流洗澡，今天洗“小虎”，明天洗“白白”，几个小东西下来也用不少浴液。然后开门迎客。

吴庆夫妇店里那么多猫，好多小朋友每天来看，他们看得很开心，吴庆夫妇也很开心。后来有人想要领养他们的猫，他们同意了。有个小朋友挑了只虎纹猫，带回家去。吴庆夫妇当时有些不舍得，不过，想猫咪到了他们家肯定不会受委屈。第二天那家人又把小虎给送了回来，原来这个小虎调皮，刚到他家就把他家的沙发挠坏了。吴庆夫妇连连说抱歉，对方说没关系，并说还想要一只猫。吴庆夫妇就给他们挑了这里最温顺的白白。白白就像它的名字一样，浑身雪白，长长的毛，人抱着它，它可是非常的乖。临走时，吴庆夫妇给白白又洗了澡，剪了指甲。就这样，白白有了新的主人。再说那几只小猫，人见人爱，又有几家人把它们领养了去。

有一次，吴庆夫妇在店里和臭臭正玩儿得开心，邻居进来要他们帮忙。吴庆便准备出去。这时，臭臭在身后跟着出来了，吴庆吼了它一声，让它回去，然后自己转头走了。等吴庆回来，妻子问他臭臭呢，吴庆当时心里一震：“不会吧？臭臭不在么，我让它回来了啊！”“你把臭臭带出去，我以为臭臭和你在一块儿，你怎么回事儿？”以前臭臭经常跟着吴庆出去玩儿，有时候还自己回来，没想到这次它再也没有回来。

吴庆夫妇写了寻狗启示，到处贴，到处问人，结果都没有，什么消息也没有！妻子在吴庆面前哭说：“如果臭臭能被好人家领养还好，如果遇上坏人，那怎么办，都怨你！呜呜……”吴庆心里真不是滋味。紧接着，妻子的手机在店里被人偷了，真够倒霉的，真是应了那句老话：屋漏偏逢连夜雨。

吴庆夫妇得要面对现实，他们算了每月的成本，两间房子房租5000元，水电费加上他们的日常开销，一个月得要六七千元，可是连续四个月他们没赚回什么钱。他们也想要继续干下去，只是手头的资金有限，根本就交不起后面三个月的房租了。无奈，他们做出了转让的决定。

做这个决定让吴庆夫妇的心都好痛，但是没办法，他们实在是没有能力再维持他们一手开起来的店铺！看着这个店里的每样东西，吴庆夫妇都是非常的不忍，这里有他们的努力，有他们的梦想，有他们的欢笑，但是他们的梦即将破灭。那时，他们不知道该怎么办。

吴庆心里不由得生起烦躁，和妻子吵架。妻子理解他，知道他不容易。吴庆朝她发火儿她没有生气，她在默默地支持丈夫。

吴庆夫妇打了广告，在网上发了信息，准备将店铺转让，大多数人都喜欢他们店铺的装修等各方面。很快，吴庆夫妇的店铺以2.5万的价格转了出去。

看着卡里的10万变成了手里的2.5万！两个人重新审视了自己，都觉得自己当时开宠物店的决定太草率了，进入一个陌生的行业，事先没有对这个行业进行深入的了解。另外，当时选铺面的时候也匆忙得很，资金也没有考虑清楚，总之是方方面面都太自信了，办事儿不够成熟。

创业失败，吴庆又捡起来网络销售的工作……

点评与建议

吴庆夫妇创业失败能说明两个问题。一个是夫妻创业要做好事业和生活上的平衡。尽管吴庆夫妇在这一点上做得较好，但由于他们选择了自己不熟悉的行业创业，也就是另一个问题，即老生常谈的“不熟不做”的问题，这是吴庆夫妇创业失败的主要原因。

先说平衡问题。夫妻档因为要接受事业上和生活上的“双磨合"，所以需要更高超的相处技巧。互相欣赏，无疑是原则之一。始终都要用欣赏的眼光看待对方，发现对方的每一点好，为对方的每一点进步而高兴。同时，经常在专业上保持交流也非常重要，你看了一本什么好书，我接受了一个什么样的新理念，两人一起分享，最后是共同进步。还有一点就是经常夸奖对方。

其实，说到底，这是一种平衡术，要在夫妻与事业伙伴之间找一个平衡点，一方面要忘记对方是自己的伴侣，以此保持必要的礼貌与节制，另一方面，又要牢记对方是自己的伴侣，以此用更大的包容心去包容对方的缺点，用更开放的心态去接受这个过程。要时刻提醒自己，如果为了事业而弄丢感情，那真是得不偿失。

如果从忠诚度的角度来说，在创业初期没有比夫妻更合适的创业伙伴了，但是夫妻一起创业，一定要立好界限，谁管什么一定要说清楚，不能等到有问题了才回过头去找原因。性格不合是夫妻档产生矛盾的最大原因，所以想做夫妻档，首先就要在事业和生活中"磨合"性格。在夫妻档中，假如两个人性格不是很"搭"，在生活上也许没有问题，因为一些不和谐的方面在生活中不用磨合。但是在事业上合作之后，这些方面就可能成为避无可避的问题，从而激发火星撞地球。所以，性格匹配也是夫妻档必须要考虑的问题。

账目不清，生财容易守财难

小到路边大排档，大到享誉世界的国际财团，夫妻搭档无处不在。许多人羡慕这样的“配对”，因为他们不仅生活在一起，就连工作也不分开。但正是这种“捆绑”使得不少夫妻店财务混乱，影响经营。

事实上，经营事业一定会牵涉诸多财务问题，无论是创业准备金还是利润再投入，都是必须明确的因素。如果夫妻双方理财的观念无法达成共识，必将发展成经营失败或关系冲突的导火线。另外，夫妻创业可能会使家庭双薪收入转为单薪收入，如果资金调度失灵，或者创业失败，不但会增加生活压力，严重的话更可能造成夫妻失和。

丈夫兰成29岁，妻子雅芝27岁，他们结婚两年，开了一家夫妻公司，愿望是实现家庭经济飞跃。没想到生财容易守财难，因公私不分，造成支出混乱，导致夫妻二人出现了感情危机。

兰成大学学的是广告，雅芝是在某纺织服装学院学的服装设计。兰成在A公司打拼几年，现在也算白领一族，结婚后生活更是安逸。可兰成总觉得自己还有很多想法，只是迫于种种局限无法实现。

兰成跟妻子雅芝合计后，两人决定办一家广告公司，他们相信凭兰成几年积累的经验和客户，加上懂设计的雅芝加入，开公司不仅是实现兰成梦想的平台，也是实现家庭经济飞跃的关键。

经过紧张的筹备，兰成和雅芝的公司终于正式成立了。兰成的才智加上雅芝的策划，接连几个“单子”确实让两人享受到成功的喜悦。连续进账让两人欣喜不已。但是俗话说“生财容易守财难”，这句话用在夫妻俩身上还真是恰如其分。

公司业务扩大了，两人接触的领域开始混乱起来，随之出现的问题也日益显现。

首先是公私不分。雅芝觉得账目应该分开，手机费、交通费全都从公司账目支出，这样很难估算公司正常的收支，也很难有一个客观的评价。

兰成嫌麻烦，他觉得反正都是自家的，没有必要分得那么清楚。“你的目光太短浅了，许多我想做的事情也许看不到眼前的利益，但对将来一定是有好处的，可你每次都要反对。女人管钱就是这样！”

再就是沟通困难。雅芝作为公司的财务主管，认为自己理所应当是公司的舵手，公司的发展方向自然应该听她的。“有的明明是家里需要的东西，也用公司的钱，这样的财务我怎么管呀？”

可兰成觉得雅芝不懂经营和管理，许多事情应该多听自己的意见，毕竟自己见多识广。因此，在很多事情上，夫妻二人闹得很不愉快。

点评与建议

专家认为，对于开始创业的夫妻来说，良好的财务规划很重要。对风险的认识和承受能力，首先要考虑好。有意创业的夫妻一定要准备充分的资金后再行创业，最好能预留1/3的创业资金，以供家庭生活的周转。夫妻做到理财和创业两不误，才能维系和巩固家庭的稳定。为此，应该做到以下几点。

第一，树立创业理财意识。

夫妻二人在创业获得阶段性成功之后，如果没有健全的理财意识，不能将利润进行合理分配再投入，那么很有可能从此成为由盛转衰的转折点。店面做大之后，可以考虑外聘一个独立会计，每年定期进行财务清算，这样可以保证客观公正，也可以起到监督的作用。

第二，事业和家庭的费用分设账目。

公私混淆是夫妻店最容易忽视却也是最重要的问题之一。必须分开设立账目，不要以为店里的钱就是家里的钱，一定要清算完了之后再进行二次分配。公私不分既给清查财务状况造成障碍，也容易促使自身“腐败”堕落。

第三，建议实行夫妻理财“AA制”。

夫妻理财“AA制”正在都市的年轻夫妻中悄然兴起。“AA制”到底好在哪里？有什么优点？

一是让财务更自由。为了让家庭建设更有计划性，不妨实施记账制度，每个月底进行汇总，夫妻双方都来给对方“挑刺”，看看哪些开支是合理的，哪些是不合理的，然后在下个月有意识地进行调整。同时，为了减少盲目投资消费，不妨设定一个最高限额，限额以下的款项可以自由支配，限额以上的最好征求一下对方的意见。另外不要把夫妻AA制当作平均制，可以按照各自收入在家庭总收入中所占比例来分摊开支，大件商品按比例集资购买，日常开支则基本各付一半。

二是让投资更安全。在做某项投资和理财决定之前，一定要尽量多考虑“家庭风险承受能力”，而不能只按照个人的“风险承受态度”盲目投资。在每一次的投资前，要先了解市场，参考专家的建议，拟订计划，并有目的、有步骤地进行投资。

三是让生活更浪漫。提高生活质量是理财的最主要目的之一。两个人在一起生活就一定会共同面临经济问题，如果遇到两人意见不一，争执在所难免，而本来相爱的两个人，为钱疏离甚至反目成仇，实在不值得。建议为对方购买意外保险或健康医疗保险作为礼品，既表达了自己的关心和爱护，又可以在发生意外时有所保障，这才是真正聪明的浪漫。在实行过程中，也应该具有弹性，例如在婚姻的不同时期按双方收入的不同情况灵活把握分摊比例。另外，不妨未雨绸缪，在没有“包袱”的婚姻初期就开始设立基金，双方各出一定比例投资债券或是购买股票，为未来生活打下基础。

分工不明，夫妻吵架闹翻脸

成功的夫妻档必定有明确的分工。夫妻创业前，应先确认各自的角色与职责，可以依个人的性格与兴趣规划。刚开始可能会有些忙乱，但只要坚持下来，慢慢就能步入正轨，两人通力合作又各司其职可达事半功倍的效果。否则，就很可能走向事物的反面。

丈夫志军今年35岁，妻子春华今年34岁，他们开了一家夫妻饭馆，准备在五年内成为有车族，可两人因分工不明经常吵闹，最后导致店面转让，创业失败。

志军以前是一家汽车修配厂的技术员，每月不到3000元的工资，妻子春华在皮鞋厂上班。结婚八年，全部家当就是银行里的6万元存款。眼瞅着亲戚朋友都开上了小车，两人心里不是滋味。

经过仔细研究和听取多方意见，志军决定让妻子先辞职，借点钱在小区附近开个小饭馆，经营状况好的话志军再辞职。希望五年之内成为“有车族”。

借钱、办执照、办其他证照、雇服务员，一番忙活下来，两口子终于明白创业艰难，尤其志军，更觉得自己当老板不容易。

小饭馆价格实惠，雇的师傅也没有让他们失望，开业第一个月，还真有点“门庭若市”的感觉。接下来几个月，情况依旧如此。可是到月底结账时，两人才突然发现，除去每月的门面租金、水电费、卫生费、采买费和员工工资，基本没有什么盈余，甚至比两人在单位干的时候还差。

夫妻俩专门抽空一天，把开业以来三个月的账目核对一遍，结果发现存在不少问题。

首先是账目混乱。用“乱”字形容账目情况绝对不过分。最简单的收入和支出项目都没有认真地记录，账本上到处乱贴的各种票据就像飘着“万国旗”。

其次是计划外开销多。过多的计划外开销让两人非常意外。账本上除了记录日常的支出之外，请人吃饭，熟客长期赊账让饭馆面临“赤字”。

核对账目后，两人各有怨气。志军说：“我整天就张罗着采买东西，哪还顾得上记账？你整天在店里待着，也不操点心，我看这样下去，过不了几天我们就该贴‘此店转让’了！”

春华说：“凭什么非要我记账啊，客人多的时候我上菜都来不及。你就知道往店里带你那帮朋友，吃完了也不好意思问人家要钱，小店哪禁得住这么吃？”

两人从此经常吵闹不休，有时当着客人的面也发生争执，都从心里没了当初创业时的热情。客人明显见少了，两人也不想再经营这个店了。没多久，两人有一次为一件小事翻了脸。最后，他们的小饭馆转让给了别人。

点评与建议

专家认为，分工明确是夫妻创业成功的重要因素，不把关系协调好，两个人很容易产生意见上的不一致，从而导致最终判断上的失误。在创业不顺的时候，夫妻俩更要相互支持，相互鼓励，不能相互埋怨，相互推卸责任。而在顺利的时候，则要相互提醒，把可能遇到的风险考虑周全。夫妻共同创业的一大好处就是大家的事业相同，有更多的共同语言，有可以倾诉的对象，可以更好地排解创业的压力。

据统计，有很多人为了在创业初期节约人力开支而进行夫妻创业，比如一个主内一个主外，一个负责业务一个负责财务等，但时间一长难免就会遇见各种问题。在夫妻之间，正常的生活需要磨合，而在事业中也是如此。夫妻创业尽管有着很多的优势，但在发展之后也会出现诸多的问题，预防和化解矛盾的技巧是每个夫妻店都需要掌握和熟知的，只有这样才能让夫妻生意红红火火，也就是说磨合得好就能让你们达到双赢，而如果磨合得不好就会全栽。到底夫妻创业过程中应该如何预防和化解矛盾和冲突？

第一，两人同心，其利断金。

试想一下创业时的情形：缺乏资金，请不起人；条件艰苦，也请不到人；因为需要长时间的劳作，更不敢请人，一来付不起加班费，二来怕违反劳动法。

谁最愿意和自己一同拼搏？只有自己的另一半！谁最能无私无偿地劳动？只有自己的另一半！谁最支持你？只有自己的另一半！谁最值得信任？还是只有自己的另一半！

正因为如此，夫妻店的成本是最低的。因为另一半的无私奉献，创业不知节省了多少人力成本和管理费用，使得把资金都用在最需要的地方。正因为如此，夫妻店的风险是最低的。最起码，你对另一半很放心，你不需要再请一个人去监督对方，更不用担心挪用公款、携款潜逃之类的事情发生。当你外出的时候，有对方在，心里也很踏实。也正因为如此，夫妻店的经营难度是最低的。首先双方是夫妻，什么事情协调很方便；其次，男性注重大局，女性注重细节，刚好性格互补；其三，夫妻在一起的时候比任何经营团队都要多得多，经营方面的沟通和交流也更多。这三点对企业发展是十分有利的。

事实上，婚姻对财富的初期增长是有利的。因为婚姻本身就是个经济共同体，与其他非婚姻状态的对手相比，要多一个稳固的后方。初期阶段良好的夫妻感情以及两者非常接近的目标会令双方的联手合作效率非常高。

那么后期呢？夫妻店对维持和增进夫妻感情是最好的选择，因为双方的生活目标和理想一致了，劲儿也往一块使了，这个家庭也就更紧密地团结在了一起。虽然夫妻档企业在发展到一定程度时会出现阻碍，但这是可以通过一系列管理手段克服的。在创业阶段，夫妻档会显出极大的优势，因为夫妻间有基本信任，是建立在婚姻关系上的利益共同体。而“基本信任”、“共同利益”，对一个企业的初创期和爬升期来说是非常重要的。

我们可以经常听到很多有家族企业历史中小企业主强调，财富夫妻尤其是创业夫妻的关系是最稳固的，因为这些创业夫妻在经历过商场如战场的风风雨雨和惊涛骇浪后，其中的任何一个都在企业内部占据了一个重要位置，夫妻之间也早已结下一段“商业伙伴+另一半”非同寻常的关系，这种地位是很难以被他人所取代的。

第二，独辟蹊径，抢占先机。

市场竞争日益激烈，如果依然按照惯性思维去盲目选择目前热火朝天的行业和项目，将极有可能被市场高速运转的车轮所淘汰。所以在已经趋于成熟细分的市场中独辟蹊径，准确把握未来的变化动向，并掌握其走势，抢得先机，那么可以说，有一半成功的机会已经在向你招手。其实，挖掘市场空白并非像很多人想象中那么困难，很多看似平常和普通的事业也有可以挖掘创新的地方。

第三，各司其职，加强沟通。

就像一个家一般男主外、女主内一样，成功的夫妻档之间必须有明确的分工。夫妻在创业前，应先确认创业后的各自的角色与职责，可以依个人的性格与兴趣规划。无论是丈夫负责生产、运营的部分，妻子负责销售或财务管理的“男主外、女主内”型果蔬大王夫妇，还是丈夫负责设计，妻子负责宣传和销售的“女主外、男主内”型的开店小夫妻，二人通力合作又各司其职是他们创业时可达事半功倍之效果的关键。

不论是日常生活或是事业经营，夫妻之间观念的交流和沟通都是必要的。如果夫妻沟通渠道不畅、技巧欠缺，则生活与事业的互相干扰及发生冲突的可能性将大增。如此一来，不仅对事业发展大为不利，更可能因此破坏了夫妻情感。

在创业过程中，难免会遇到观点和理念不一致的时候，夫妻创业的一大优势就是与其他创业形式相比更方便也更善于沟通，但是如果沟通不讲究方式方法或者沟通渠道不畅通，则会带来更大的负面影响，不但事业受到打击，家庭关系也会因此产生隔阂。所以选择夫妻双方共同的爱好和追求，并朝着这一致的方向去努力，心往一处想，力朝一处使，将夫妻创业的优势发挥到极致。

第四，合力抗险，维护稳定。

很多创业夫妻对夫妻创业的风险不以为然，觉得既然可以白手起家，即使失败也可以从头再来。没错，这样美好的故事却也有上演，但更多的是，连从头再来的机会都没有等到的时候，便已经在上一次创业失败的打击中“好心分手”了。

对于多数创业夫妻而言，共同经营一份事业，并非单纯地只想解决经济问题，还希望能在生活与事业、健康与爱情上，找到“一个幸福的平衡点”。只是创业的现实一点也不浪漫，生意上的折磨往往不易跳脱，难免有人会将工作中不如意的情绪带回家里。于是，矛盾产生了，争吵也开始了，共同创立的事业变成为了夫妻双方必须特别留意的罩门死角。

同时，由于事业牵扯了夫妻二人的过多的时间和精力，一个弊端很难避免，那就是对于孩子与老人的忽视。有人会说，这些困难只是暂时的，孩子小的时候老人带，孩子大了照顾老人。且不说这样的做法是否科学和人道，即使真的如此这般进行了，一旦老人或孩子不小心有个什么闪失，自责带给心理上的压力，以及夫妻双方对于责任的推脱、埋怨对方，以致家庭分崩离析也是时有发生。

第五，创业生财，莫忘理财。

俗话说：创业容易守业难。套用到夫妻创业中就是：生财容易守财难，其中就牵涉到创业准备金以及利润再分配等诸多财务问题。

事业的经营会牵涉诸多财务问题，不论是创业准备金或是利润的再投入，都可能是事业发展时须明确的因素。如果夫妻双方对于理财的观念无法灰达成共识，则冲突将成为事业甚至导致夫妻关系失败的导火线。

有意创业的夫妻一定要准备充分的资金后再行创业，最好能预留三分之一的创业资金以供家庭生活的周转。

人们爱用“夫唱妇随”来形容夫妻间的合作，也爱用“开夫妻店”来形容这种合作形式。夫妻创业有着其他创业形式所无可比拟的优势和秘诀。只要把握上述方法和技巧，就能将夫妻档的优势发挥到极致，从而取得创业成功。

钱不好赚，创业夫妻很迷茫

所谓“夫妻同心，其利断金”，夫妻创业，两人是站在同一条船上，比较愿意同舟共济，共商对策，遇到挫折也能互相帮助。此外，夫妻创业在调配时间上比朋友合伙容易，繁杂的事情一般也不会斤斤计较。夫妻创业如何选择创业项目呢？创业，不但需要夫妻二人在这一过程中相互沟通和协调，更重要的是选择创业项目一定要结合自身条件和市场需求，否则，就会使创业的道路走进死胡同。

张先生和妻子范女士在J市经营一家小型竹制品厂。因为经营中碰到了不少困难，因此打进了“创业直通车”热线，寻求支援。

范女士高中毕业后就在当地一家服装厂上班，主要负责管理服装厂的仓库。而老公张先生学历也不高，1994年退伍回来在一家民营企业跑业务。由于企业效益不好，2000年张先生改行去卖竹席。

张先生发现竹席的销路挺好，而且当地盛产竹子，于是夫妻俩决定做一回老板，把所有的15万元积蓄投入竹席加工，2001年成立了一家竹制品加工厂。

刚开始做的时候，整个作坊也就八九个工人。当时效益很好，整个J市也就十几家竹制品加工厂，所以产品供不应求。于是赚到了第一桶金，但夫妻俩并不满足。在工厂附近购买了一块7000多平方米的土地，准备扩建厂房。

但是从2006年开始，竹制品加工厂暴增，后来发展到了上百家，竞争之厉害可想而知。这样一来他们的利润只够用来付贷款利息。客户资金拖欠又很厉害，他们的小作坊没有那么大的资金实力，很多时候资金周转不灵。

范女士感觉到在家里等客户是不行的，于是她开始找其他的出路。做外贸，价格太低，没利润；做内销，市场饱和，价格不稳；做成品，技术不够，资金不足；做工艺品，要量不多，利润难保。更痛苦的是，2008年的大雪压倒了他们六间厂房！因为年初是原竹销售旺季，夫妻俩与职工们一起用了8天时间，花了3万多元把厂房修理好，赶在正月初十之前开工。

现在这家工厂已经拥有30万元左右的机器设备，但是每年还要花2万元更新机器设备，因为每年竹席产品的更新很快，客户们的要求也不一样。

做了七年多的原竹加工的张先生和范女士对这行业已经比较熟悉了。他们对竹子还是很有感情的，如果要他们放下竹子去做其他行业，还真就舍不得。但毛竹收购价从原来的28元100斤到现在的43元100斤，感觉压力非常大。

怎样才能走出竹制半成品的困境？怎样才能使半成品有更好的利用价值，提升利润空间？夫妻俩感到很迷茫。

点评与建议

这对夫妻的问题主要出在创业项目的选择上。经营项目的选择跟自己的兴趣相结合，这是一个十分“受用”的法则，只有自己喜欢，才能努力让别人喜欢，这也是自己选择的项目经营时间一般比较长的原因。夫妻创业，可以依个人的性格与兴趣规划职责，如丈夫负责生产、运营的部分，妻子就负责销售或财务管理，二人通力合作又各司其职，创业时可达事半功倍之效果。另外，最好考虑选择能够兼顾家庭的行业。

因此，夫妻创业时，必须准备一笔高额的周转金，以降低风险。

顶着房贷辞职下海，赔了夫人又折兵

对于新婚不久的夫妻而言，这段日子往往是最为艰辛的，上有自己的父母，下有刚出生不久的小宝宝，每月还得偿还各种房贷、信贷，以及不怎么高昂的工资收入，如果这时再有创业的艰难，年轻夫妻的日子就不好过了。

2009年，刘志和妻子丽珍按揭买了一套房子，每个月付3000块左右。刘志当时的工资才4500元，而妻子丽珍买完房后刚好失业，所以生活变得很节制，成了“房奴”。

在那样“水深火热”的生活里，他们开始后悔买房了，以前工资虽然不算很高，但是一天过得还算逍遥自在，偶尔去买套衣服，吃顿大餐还是绰绰有余吧，可是买房后两人再也没有钱买衣服，也没去吃大餐。丽珍很爱浪漫，而且很挑剔，刘志不得不事事都做到最好，因为他很爱她，买房就是为了跟她生活更幸福。但最后的结局却是这样，刘志非常懊恼。

丽珍两个月没找到合适的工作，每天闲在家里就胡思乱想。有一天她突发奇想对丈夫说，她要去摆地摊。刘志瞪着眼睛看着她，觉得不可思议：如此骄傲的一个女人，怎么可能愿意“流落”街头？但是接连几天她始终在坚持她的想法。

有一天，丽珍提着一大包东西回家，刘志打开一看，都是她进的货，看来她真认真了！但仔细一看，全是女士内衣。她怎么会想到出去卖这个啊！刘志真的很惊讶，这不像是她的选择，刘志想，也许是找不到工作把她逼急了吧？为了鼓励她，刘志答应每天下班就去帮她。

丽珍也许是天生的地摊高手，也不知道她是怎么挑到一个位置特好的摊位，她说每个月要交200元的管理费。

这是一条布满地摊的街道，到了傍晚就出现很多地摊。丽珍看上去很小，就跟学生一样，所以没人知道她的真实年龄。为什么刘志说她是高手？她居然第一天就把200元的管理费赚回来了！

丽珍以前做过销售，所以卖东西真是她的强项。一个星期，她就把家里的货卖得差不多了，甚至连刘志都没想到的，摆地摊居然也能赢得回头客，每天刘志都用惊讶的表情看着她。她又去进货，进货其实很辛苦，起得很早，刘志看到妻子最近回家都没了笑容，精神状态越来越差，但是一出去摆摊又显得斗志昂扬了。

机会青睐有准备的人。赶巧遇到政府支持再就业，在那条街道建起了临时门面屋，就像那种地震棚一样，然后街上就不准摆地摊了，当然也有人骂。

但是丽珍却十分高兴，她决定要租下一间，租金每月800元，很便宜，每间大概有10平方米。丽珍做事真是速战速决，刘志都怀疑现在的她还是不是以前的那个“她”了。

租下门面后，需要铺更多的货，刘志从卡上取出了3万块，他想自己没有理由不支持她。

一切都很顺利，让刘志怀疑起那些说“创业难”的人。街道被规划之后，来这里逛的人变多了，因为门槛高了一些，竞争对手也少了一些。

丽珍的生意一直还不错。但是乐极生悲啊，她累倒了，刘志除了心疼，不知道可以做什么。医院建议她修养几天，她坚持要去开店，刘志拦也拦不住。最后，刘志做了一个令自己都意想不到的决定：辞职去帮她开店！

当时刘志几乎忘了丽珍卖的是女士内衣。

接下来的几天，刘志真的是在煎熬中度过，顾客看到一个大男人在店里都不敢进来，偶尔有人胆子大点进来看，刘志就傻在那里不知道怎么做，一天下来，他一件也没卖出去。连着三天，他只卖出去50元。

丽珍忍不住了，一定要来店里，刘志好不容易劝住了，接下来的两天刘志像是找到了感觉，还卖出去了几件，他甚至之前连罩杯怎么区分都不知道。五天过去，妻子回到了店里，刘志只负责进货。

进货之余，刘志很郁闷地在家里待了一周，想想自己的房子还在按揭中，而银行卡上只剩下两万块了。两人准备再紧挨着铺面租个位置，扩大经营面积。

刘志在内衣店，每天跟无数的女人打交道，忍受着她们以怪异的眼神以及偷笑面对自己。刘志是一个很大男子主义的人，但现在无路可走，只能在内衣店里忙着挣钱了。刘志自己也痛苦。妻子开导他，慢慢的，刘志想通了，放开心思跟妻子一起开店。

但说实话，这个阶段刘志是显得很狼狈的，他无法马上适应这样的工作，或者说是创业。其实生意上的事刘志是不懂装懂，总希望自己说的话有点威力，所以非常懊恼妻子不同意自己的看法。最后的结果就是他们俩的感情变得淡漠了，但又要装出没事一样。

后来有一天，妻子告诉刘志说要去深圳进一批货，带着5万块就走了，然后说指不定什么时候才回来。刘志再一次没想到她会这样做。

刘志没有精力再去经营那家店，就把店转手出去。刘志想了一下，两个人在一起可以很平静地生活，但却不一定能共同创业，也许就是这次共同创业才毁了他们的感情。刘志把房子买了，然后去深圳找丽珍……

点评与建议

刘志夫妇创业失败，很大程度上责任在刘志自己。对他家的情况而言，顶着房贷压力，只想着内衣店经营看好，贸然辞职，显然是极不明智的。像这样跟着妻子一起创业，毕竟有风险，一旦失败，夫妻双方都将失去收入来源，同时损失一大笔资金。因此，为了稳妥起见，最好是一人先做好创业准备，一人先工作，以保障家庭开销，等机会成熟后两人再一起创业，以降低风险。

对于新婚不久的家庭而言，在创业过程中除了留足必要的生活支出外，夫妻双方可以适当做一些投资，对于风险承受能力不足的夫妻而言，选择定期定额的基金投资是相当不错的选择。对于希望投身创业的夫妻，就需要更加谨慎才行。

同时，在创业项目的选择上仍需谨慎，要注重市场需求高、工作环境轻松、容易成功且发展空间较大的行业。

夫妻创业启示录

失败的“夫妻店”，常常犯有一个通病：混淆了卧室和办公室的区别和界限。卧室是一个讲感情的地方，不要过分纠结那些大道小理；而办公室则是一个讲道理、制度和规则的地方，不应该过分掺杂感情因素。很多创业夫妻，是在卧室赢了道理、输了感情，或者在办公室顾全了脸面、搞垮了制度。

第一，成也夫妻，败也夫妻。

从前，森林里有一只叫“共命”的两头鸟，这鸟的两个头“相依为命”。遇到什么事，两个“头”都会先讨论一番才会采取一致的行动，比如到哪里去找食物、在哪儿筑巢栖息等。某天，一个“头”不知为何对另一个“头”产生了很大误会。因为两个“头”没有及时地沟通、梳理，误会慢慢变成了怨恨和裂缝，最终造成了谁也不理谁的仇视局面。这两个“头”开始了争执和较劲——一个“头”建议多吃健康的食物，以增进体力；另一个“头”偏要逆反，坚持吃“毒草”，非得把对方毒死方可消自己心中怒气。双方无法和解，于是只有各吃各的。最后，那只“两头鸟”终因吃了过多的有毒食物而死去。

其实，真正毒死这只“两头鸟”的不是那些毒草，而是充斥在它们心中的难以消解的怨气和仇视。纵观身边的真实案例，我们看到曾经志同道合、现今同室操戈的夫妻们，正在重蹈“两头鸟”的覆辙。

第二，夫妻感性要转向企业理性。

成功“夫妻店”之所以能取得成功，是因为夫妻双方始终能把经营感情作为经营双方共同事业的先决条件，因此一旦二人在事业发展过程中产生观念上的冲突，就一定会有一个人或者选择临时退出，或者选择临危受命。

“比翼齐飞”常常用来形容情投意合、并肩前进的夫妻。但在共同开拓事业的过程中，过分强调“比翼齐飞”，无论是对双方的事业、还是对双方的感情，都是弊多利少。一定要有人为主、有人为辅；一定要有人权威、有人屈从，也一定要有人主打、有人候补。

第三，经营企业同时经营感情。

最初情投意合，志同道合，最后却恩断义绝，分道扬镳。家族企业在创业过程中，由于对“夫妻感情”这一无形资产权利与义务划分不明确，而为事后夫妻二人情变之后的同室操戈埋下隐患，并进而导致家族矛盾严重干扰公司正常运营的恶性案例发生。这些活生生的案例提醒我们：在创业前，夫妻之间要“理性一些”，尽量划清相互之间的责任、义务与权益；企业做大之后则要“感性一些”，多克制、多包容，多念念相濡以沫之情，不要被金钱役使，迷失了自己的心性。

第六章
打工创业，突破卑微也疯狂

打工者虽然出身一般，但是也有激情，尤其是想突破卑微、自己创业做老板的激情。打工者并不缺少智慧，并不缺乏吃苦耐劳的精神。然而，生活是由很多偶然堆积起来的，这些偶然源于内在的驱动力，是把握在手还是放任自流，在很大程度上决定了打工者的人生和命运。创业失败的命运就是被一些看似平常的鸡毛蒜皮的事情决定的，让人刻骨铭心。在社会中摸爬滚打过来的打工者，不管最后你是天王还是地虎，不管是伤痛还是痛快，生如痛歌，你每时每刻都在弹唱。

创业不理财，债台筑起来

每一个成功的企业家都会对企业的财务管理高度重视，这就使企业在发展之初获得了最有效的资源配置，创业资金是稀缺的，因而，明智的创业者才会重视它们的合理分配。从某种意义上说，创业者理财能力的高低，几乎决定着整个创业项目的走向，这个道理适用于大企业，更适用于小本创业者。

资金是创业的生存之源，就像血脉一样，至少，创业者要保证它不能枯竭。在开始创业之前，创业者就必须让自己拥有控制资金的能力，这种能力需要一个培养的过程，更需要认真对待的态度。否则，就很可能使创业走向末路。

屠刚2001年大专刚毕业，满怀对社会的憧憬中来到×市，在一家大型集团式国有企业上了班，他自己感到坐上了在21世纪中“走分配”的末班车。这里的条件很艰苦，每月600元的工资，整天在施工第一线干活，是属于管住不管吃的那种。在当时，好像别人也好不了多少。因为×市刚开盘的房价才1000块，第二年才涨到1200元。

屠刚晚上睡过地下通道，也夜里徒步走到过远在十里外的大桥边。他很想找一个条件比较好的工作，但刚刚毕业没经验，实在是很不好找。当时去人才市场，进场票就要10块钱，研究生、本科生、大专生一堆一堆的。

就这样，屠刚吃馒头吃泡面及有时没东西吃地顶到了2003年，他终于在一家外资企业找到一个维修的工作，而这份工作也不容易，用他的话说，“还是装着孙子般的脸孔及叫爹般的声音才进入这家公司的”，而且那个招聘人员是个女孩，以至于后来他在公司年会上带着万分诚意给人家敬酒时，27岁的屠刚才知自己是这个小姑娘招进来的。

屠刚一进公司就只有一个念头：我必须要活下来，至少不是饿死的，失节事小，饿死事大！所以，屠刚还是“孙子般的”干活，“儿子般的”听话，每天最少工作12个小时。每个月只休息一天，有时甚至不休，以至于他一年多对太阳都没啥印象，因为太阳不出上班，太阳落了才下班。对屠刚来说，“那是一个脸色苍白、两眼无光、四肢无力的难熬时期”。所以后果很严重，以至于他一听到这样上班都心跳加速。两年的时间里，在“比鸡起得还早，比牛干得还多，手指也断过”的情况下，一点一点地攒了2万多血汗钱，最后弄了个组长当。

还是如此这般地上着班，因为此时的情况比前面的情况不可同日而语，屠刚至少不怕明天没钱吃饭了。公司的中层干部都认为，“此人踏实上进”，于是屠刚又当上了个股长。但这个股长“还是孙子的那种，上讨领导下哄员工的那种”。自从当上股长，他每天上班时间更长了，不过不用上夜班了，以前是半个月要上一次夜班，而且是通宵的。

股长工作做了一年，屠刚又调到另一个部门，这使他接触到更多的各类创业者和更有想法的人，也更多地了解了社会是个什么样子。那时，屠刚还不知道“官二代”、“富二代”、“官富二代”，及“郭MM”、“卢MM”和各种“MM ”，他觉得自己是个“人”了，也有了点存余，也就有了些想法了。先是自己搞些小贸易，利用自己对本职工作的一些经验，天天上班的同时也给自己上班。

2007年，屠刚已经有近20万的资金，同时也在这家公司收获了爱情。这时的他已经能感觉到金融危机了，但他趁势而上，越做越顺。他有时在想，人在顺利的时候，即使摔了一跤，抬头一看眼前是一沓钱，不顺利的时候同样摔倒后，抬头一看是一堆狗屎，此时的自己就是摔倒能捡到钱的那种。在公司通过自身的学习，各方面都有了很大的提高，公司建厂及规划都是他来设计的，所涉及的专业很多，生产管理、生产技术、设备技术都涉及，总之做什么成什么，甚至组建了个小队，做一些电气类的小工程。

屠刚对自己的小打小闹也不满足了。2009年，他的小贸易不做了，对小打小闹不太感兴趣了。他听别人说物流行业好，就头脑一发热，买了一辆“按揭”大货车。是17.5米的那种，加七加八下来共计56万多，付了一部分现金，每个月1万多还款。因为当时算了一下每月有2万的利润，两年多收回成本，还落一辆车。他这样想着，随便跑跑长途，就是个百万富翁了！百万对别人来说可能不算多，但对他一个刚吃饱饭还没几天的人来说，那可是个超巨款啊！

屠刚请了司机，让自己的妹夫和司机跑福建广东到他北方老家这条线。在当时的×市，这个跑长途的行当，用一句同行的话来说，就是“买了个爹，请了个爷”，当天看是赚的，每个月一算是平的，半年后一看是赔的。

屠刚自从有了车，就没好过过。他经常半夜起来给打款，因为走的过程中不是这不行了就是那不行，有时交警罚一下，地方管一下，货款欠一下，让他力不从心。他就又换了一台瑞虎SUV，也是“按揭”的。但后来屠刚认为，买车最好别贷款，搞不好就全部完蛋。

此时，银行的信用卡很热门，好像只要有个工作就可以办到，是主动找你的那种。屠刚也办了张，额度为10万。他又找老同学、老领导、老同事借了些钱，买了一台铲车，在老家给别人做点活。

此时的屠刚已经身无分文了，每个月1号、8号和15号，必须去银行给卡车、小车和信用卡打款，而该进项却入不敷出，所以恶性循环，分文没赚却一直在借债应付。

屠刚撑到2010年，最后让他倒下的事情是出了车祸，司机开车过程中刹车失灵，把一个老头的腿轧断了，自己的车子急忙转向，结果翻进路沟里。屠刚赔了大笔的钱，又花钱修好车后把车也卖了。总算把银行按揭给付完了，就只剩下外债了。外债欠的时间太长了，他把小瑞虎也买了。瑞虎还是在小鱼网上买的，当时手续下来差不多12万，最后只卖了6万，几份着急的外债算是还了。屠刚的老家在西北一个农村，那是一个靠天吃饭十年九旱的地方，但他父母还是帮了他几万，这样还了一些外债，算是让屠刚稍微喘了口气。

到现在，屠刚每个月还要给信用卡还款，还有同学的、朋友的、亲戚的，欠款每天拆东墙补西墙地过。屠刚认为，人家当时那么信任地把几万几千的借给我，就冲我的人比较实在，但我现在是还不上了，现在每个月5000多的工资，每个月还要借债，真的快撑不住了啊！

屠刚现在想想，最初的时候就是没买房，2008年×市的房价才5000多，现在1万多了。一天，他和老婆也谈了，说明年买不了房就分开，女儿才1岁，这样对老婆也好。这么些年了，也没有给老婆孩子一个家。心爱的人不能给她那就放手吧！屠刚也借了些钱让老父亲老母亲来了趟×市，十年了，第一次啊！他不想留下遗憾了。

屠刚想想父母伛偻的身体和女儿可爱的样子，不禁潸然泪下……

点评与建议

这个故事让我们认识到这样一个创业者必知的理财概念，即区分“投资”与“消费”。理财离不开这三句话：每月储蓄30%工资，先储蓄，后消费；投资年回报10%以上；年年坚持，坚持10年以上。屠刚如果能在理财方面有这个意识，也不至于落到今天的地步！

其实，理财走不出这三句话，每句话你都要吃透，完全执行，不能马马虎虎，打工一族才可以变为富翁。巴菲特在他的书里说他6岁开始储蓄，每月30块。到13岁时，他有了3000块，于是买了一只股票。年年坚持储蓄，年年坚持投资，十年如一日，他坚持了80年。结果比比尔·盖茨还有钱。

不会规避风险，兼职创业备受打击

很多上班族都考虑过边打工边创业，而且很多有了工作经验的人去创业确实有一定的优势，创业成功率也比刚出校门的大学生要高很多。不过，并不是什么人都适合创业的。因为创业有风险，能否承担这份风险，如何降低风险，就成了创业者首要面临的课题。

其实，降低风险的最好办法除了小本创业，就是拥有一个好的人脉。这是上班族的一个特点，也是上班族的一个优势，学会充分利用在工作中积累的资源和建立的人脉关系进行创业，可以大大减少创业风险。作为一名员工，要做到在职一座山，离职一座碑。那样你的人生才会越走越远。因为，人脉等于钱脉！而合作伙伴就是其中之一。创业伙伴中途离去，显然会给初创的企业带来损失。如果这时再无外力支援，创业必败无疑！

在文涛的骨子里，他知道自己不是一个愿意默默守在一个固定的工作岗位上度过8小时，偶尔加加班，月底去领取心知肚明的那些薪水的麻木日子的规矩上班族。这跟薪水的多少无关，因为文涛知道，他自己志不在此。

终于，在经过一番内心挣扎之后，文涛在工作之余，跟一个自小一起长大的发小开始了漫漫创业之路，尽管内心有些担忧，但是凭借着工作三年多来积攒下的工作经验以及人际关系，他对前方依然充满了希望。文涛依然选择了老本行——工业用品市场。他跟他的合作伙伴进行了一下市场调研之后发现，这一块的利润还是很高的，于是说干就干，怀揣着满满的激情与斗志，文涛他们上路了。

然而，想象跟实际总是很有差距，原先规划得非常好的计划在现实中却屡屡碰壁。因为文涛他们势单力薄，很难博得合作方的信任，同时货源联系那一块也总是得不到一个顺畅的解决，没有固定充足的货源，没有过硬可靠的技术保证，使得他们很长时间连一笔订单都没有签下。这时候，文涛最深刻的感悟就是，原来，有时候只凭借着激情与自信是不够的。

更可怕的是屋漏偏逢连夜雨，就在文涛他们为找不到合作方而一筹莫展的时候，终于有商家愿意与他们合作，这无疑是雪中送炭。高兴之余，他们只是粗略地跟对方谈了谈就草率地签订了合同，不料却掉进了对方的陷阱，不仅货物给出了要不回来，同时，他们还要额外支付一笔违约金。这对于他们当时已经够落魄的局面来说，相当于是一个晴天霹雳。以前在单位，每一领域都有专门负责的人员分工负责，现在自己创业了却要做到事无巨细、面面俱到，但凡有一点顾及不到，就会像这次一样付出惨重的代价！

这次事件发生之后，文涛的合作伙伴的情绪就如决口的黄河一般一泻千里，当初创业时候的雄心壮志，一夜间都消失得无影无踪！在这种情况下，似乎还怕他们的刺激受得还不够深刻，全球性的经济危机再一次冲击了文涛他们一直看好的工业用品市场，当初离开单位时的储备资金也差不多挥霍得一干二净。

文涛终于见识到了商场的残酷，商场如战场，没有完备的武器，你拿什么跟人家比拼？文涛的合作伙伴在看不到希望的时候终于选择了离开。而天生倔强的文涛从来都是一条路走到黑，“既然选择了创业的路，再难再险我都要坚持着走下去，我不能让我原来单位的同事领导看到我的懦弱与无能。我要成功，而且必须成功！”中国有句古话叫作“置之死地而后生”，文涛觉得这完全就是在说自己。

就在文涛在创业路上碰得头破血流、一无所有的时候，一个原来上班时合作过的老客户知道了他的近况，于是便将一个PTS销售平台介绍给了他。就是这个PTS平台，在他最危难的时候给他带来了照亮前方道路的温情火把。PTS项目方在多方考察之后，肯定了文涛之前在正规企业单位工作三年的职场生涯和还算充足的经验积累，终于向他递来了愿意扶持他创业的橄榄枝，同他签订了支持合作合同。就这样，文涛终于名正言顺地成了PTS的销售经纪人。

接下来，在PTS的扶持下，文涛跌跌撞撞的创业路走得明显顺畅了起来。他不用再担心没有钱、没有技术、没有货源，PTS全部为他解除了这些后顾之忧，他所要做的就是大胆迈开步伐去开拓市场，去寻找合作商家。更加让文涛安心与感动的是，在他曾经吃过大亏的合同签订方面，PTS有着专门的职业法务人员帮他进行审核，同时还在第一时间让他避免了很多不必要的法律纠纷，避开了很多他以前并不知晓的商业陷阱。与其说PTS是文涛的合作平台，不如说更像是他的良师益友，同行伙伴。

渐渐的，随着订单的数量增加，文涛的自信也再一次回到了身上。以前曾经一起共事过的一些同事得知了文涛的成功事迹之后，也纷纷来找他洽谈共同创业的计划。每每此时，文涛都会将PTS平台慷慨大方地介绍给他们。因为他知道，每一个愿意走上创业之路的人士都是一个充满梦想的战士，大家都是一条路上的人，他愿意将自己的挫折故事告诉后来的人，让他们少一些困难险阻；他更愿意将自己成功的经历与他们分享，因为，每一个人都有权利做自己的梦并通过努力去实现它！

文涛由衷地认为，如果说自己的创业梦想现在已经得到了实现，那么，PTS就是自己实现梦想的最有力的支撑！他坚信：创业之路漫漫无终，只要心中永远充满希望，机会就在不远的前方！

点评与建议

文涛创业从失败到成功的过程，给我们的启示是深刻的。与合作伙伴一起进行创业需要注意的事项是，责、权、利一定要分清楚，最好形成书面文字，有双方签字，有见证人，以免到时候空口无凭。更不能等到赚钱了再说。文涛合作创业的伙伴在看不到希望的时候选择了离开，这是导致文涛在创业之初失败的重要原因。

选择了创业你就选择了磨难、遭遇挫折的痛苦，收获的快乐、改变的煎熬、成功的喜悦，我们要把顺境当作是一种锻炼，把逆境当作是一种磨炼，我们才会不断成长。创业者在创业初期因为各种原因需要选择合作伙伴来创业，合作伙伴可能就是儿时朋友、同学和亲戚；因为志同道合，因为共同的目的，因为互相的信任而走在一起；在项目经营中会有很多的问题产生，但为了合作能更加长久、实现更长远的发展目标，我们需要注意以下的几点：

第一，为什么选择合作。

在创业者不得不选择创业伙伴时，我们需要明确合作是可以使项目很好地发展与实施，合作可以使双方的资源共享，合作可以令我们变得强大，所以我们选择合作。

第二，我们选择合作的目的和目标是什么。

商业合作需要相同的目的和目标，有了一个共同的创业目标，才能走到一起来，所以目标的正确与合作有很大的关系！也是能否找到合作伙伴的关键，利益的合理分配是合作伙伴选择你的主要因素，在选择合作者时，看中的是合作伙伴必然有很好的可合作资源，这种资源就是你的合作目的，目标是在行业上的地位，有了清楚的合作目的和目标，合作才能成立。

第三，谨慎选择合伙人的人选。

选择合伙人常常决定创业的成败，可见合伙人在经营中的重要性。一般来讲，选择合伙人的标准有四条：人品第一，价值观第二，工作态度第三，能力第四。这四个条件缺一不可。在上面两个案例中，究其本质原因，问题出在“价值观不同”而导致分手。

合伙人必须在同一个单位共事过一年以上的时间。因为人的工作面和生活面所表现出来的行为是完全不同的，有些人可以当很好的朋友，但不可以做很好的合作伙伴。其次上文提到的的四个择人标准是需要时间的考验，只有共事过才能看出来是否合适。

第四，时刻掌握主动权。

在没有看好合伙人之前，最好不要轻易合伙。即使合伙了，自己必须要在整个企业经营中掌握主动权，如人事、财务、客户资料、上游供应商的关系等核心资源。这样一旦出现问题你才有能力去处理，防止互相扯皮的现象，最大限度地降低对企业的伤害。

第五，股东要签订竞业及商业保密协议。

合作期间和合作结束两年内不得从事同行业和高相关度的行业。这样可以有效防止个人私心的膨胀而导致分裂。竞业协议可延伸到企业核心人员和中高管理层，在新员工入职前就实施，先小人后君子。

第六，分工要明晰。

在合作初期，创业者需要明确各自的职责，不能模糊，因为是长期的合作，明确责任最重要，这样在经营时期不至于互相扯皮，反目成仇，有很多的例子告诉我们，责任分工不明确往往是创业失败的根本问题。

第七，合作过程的投入及利润分配。

合作投入比例是合作开始双方根据各自的合作资源作价而产生！因为投入比例和分配利益成正比的关系，也需书面明确说明；当然在经营情况变化时，投入也要变化，在合作开始的时候，就要分析后期的资金或者资源的再进入情况，如果一方没有融资的实力，那另一方的投入会转换成相应的投资占有股，来分配投入产出的利益！根据合作双方约定的书面分配合同，分配双方的利润。

第八，合作方的退出机制。

在合作初期就要想好不合作，当其中一方退出，什么时候退出，退出时的投入比与退出比的比例等这些因素都是需要提前书面明晰，签到合同里，项目的后期合作双方都能顺利地结束不必要的瓜葛。合理的退出机制是合作的很重要的组成部分。

第九，合作过程摩擦的预防。

合伙人在合作过程中最为忌讳的是互相猜忌，打自己的小算盘，这样的合作肯定不会长久的。出现问题要本着真诚、互信、公心态度来解决，有什么事情放到桌面上来讨论，就事论事，大家如果都是出于公心，分歧是很容易得到解决的。合作双方之间的摩擦主要是后期经营权和利润分配的矛盾，合理地安排合作职责，明晰合作双方的利益，保持一个良好的经营合作氛围，良好的合作心态是解决摩擦的方法！

凭兴趣做事，兼职创业一场空

一个人如果做自己喜欢的事，每天工作24小时也不觉得辛苦。如果是做自己不喜欢的事，每天工作一小时都是煎熬。打工者要想自己干成一件事情，绝非仅仅凭兴趣就能干成的，要考虑诸多成功和失败的因素。实践经验告诉我们，如果你的兴趣不能和眼下的工作结合起来，那么将来自己创业的成功概率就会降低。事实上，将兴趣与工作相结合，是走向创业成功的有效途径之一。所以，只凭一时兴趣，漫无目地做事，终将一事无成。

盛强是一个地地道道的农村娃。高中勉强毕业后因为没有学历和特长，一直都在打工，都是很普通的工厂，外出时去过广州、深圳、佛山等地。

打工的生活是很辛苦和枯燥的，盛强一直记得在玩具厂早餐吃的5两重的馍馍，中午饭吃的萝卜炒海带丝，还有豆腐条炒肉丝，这些都不紧要，最气愤的是工厂会找各种理由不让辞职和拖欠工资。当时还不懂《劳动法》，而且盛强知道，大部分的普工都是不知道有《劳动法》这个东西的，被坑了也只能认了。

打普工的这段岁月虽短，却磨炼了盛强的心志和毅力，也认识到了必须要学一门手艺。后来，盛强离开了那个工厂，来到了K市，在亲戚的帮助介绍下，他开始学习CNC模具加工。

学徒的工作是辛苦的，什么杂活都干，刚开始的时候工资才300块，然后每月涨100元。盛强后来想起来，那段时间虽然辛苦，除了钱少点却还是很快乐的，因为赶完模具后就可以玩，和模具师傅混得也熟，也是在那段时间学会了抽烟、喝酒等陋习。

盛强在K市学了一年多，模具师傅要走了，经过思量，盛强也跟着模具师傅来到了S市，进入了一家模具公司。工资也翻了一番，因为技术还没到家，加上加班费，有3000来块吧。虽然这在盛强的家乡来说是不错了，但S市是个大城市，在这里勉强算是中下阶层。不管怎样，对一个农村娃来说，来到S市也算是见了世面了。更重要的是盛强认识了一些朋友，通过朋友介绍看了几本书，眼界开阔了很多，思想也开放了不少。盛强更深刻地认识到打工不是长久之计，做技术做到顶峰，也不过是一个模具师傅，或者像亲戚那样开一间小小的加工店，况且他自问自己也没亲戚那样的人脉和本钱。而随着工资的提升，物价房价也是涨得飞快，假如要买房子，打工的话少说也要奋斗几十年吧，何年何日才能娶上媳妇让父母过上好日子啊！所以，那时候，盛强就边上班边留意有什么创业项目了。

后来，盛强辞职做了小吃生意，在百姓网上买了台二手小吃车，进了点货就在小区门口摆起摊来。虽然有点小生意，但因为天冷的缘故，都不是太理想。小吃生意是有得做的，只是所处的地段不太好，加上天冷和一些其他原因，实在支持不到天气转暖了。于是，几个月后，盛强把小吃车在网上卖了，也是通过在网上发布的信息。卖掉小吃车盛强还真是舍不得，毕竟也是自己亲手摸索出来的小吃技术和自己改装的小吃车！不过盛强想有舍才有得，而且小吃生意始终不是长久之计。

盛强当时对上网比较感兴趣，也非常看好电子商务和网络营销。可是自己在网上能做什么呢？先进军淘宝吧。看到很多人刷信誉，盛强就买了个易赛代理，卖0.65Q币刷上了钻后，就代理了一些活性炭包。刚开始的时候还有一点生意，慢慢的生意就越来越少，后来才知道，在淘宝有皇冠信誉也没生意的店铺多了去了！

除了产品信誉很重要，还要有自己的营销手段和流量方法。淘宝的广告铺天盖地，盛强也禁不住诱惑，思考再三还是开通了阿里诚信通旺铺，也进了一批货。可是到底还是经验不足，选的产品空气净化灯比较冷门，虽出过一两单，可也只能够伙食费而已，很久后这货还是在他房间放着。

盛强也意识到流量和营销的重要性，于是到处寻找流量营销方法，也进过久久的SEO培训，学会了SEO，网站关键词也优化了，但也还是没有单。这时，盛强彻底认识到自己思维的局限性，还有能力及人脉的重要。后来遇到了淘宝赚，盛强想，这是锻炼自己思维和能力最好的地方了，听了几节课后，就决定跟着“一米”干了。

盛强想，如果当初把小吃生意坚持做到天热的时候，那么现在也有一些小积蓄了，不会这么穷了。

点评与建议

人们常说，每个网络人都有自己的一段故事，盛强也不例外，虽然没有别的传奇人物的创业经历丰富，但也算有点曲折，严格说是失败的。分析盛强的经历我们可以看到这样几个失败的原因：

一是盛强一直以来都是单打独斗，如果能认识到一些有经验的人的话，起码能给他一些指点，也就不会走那么长的弯路了。

二是生活没计划。要保证生活费，要有自己的稳定的、长期的正规项目，细水长流，脚踏实地才是硬道理，不该想太多。

三是盛强的执行力太差，凡事没有全力地付出，这也是他屡屡失败的原因。要有目标和计划，有目标才有动力和方向，有计划才能让目标更好地执行。

四是盛强的思维有局限性，流量和营销的方法太少。做电子商务，一定要有自己的流量方法和营销手段，后期一定要有自己的产品，可以控制产品质量、数量和发货时间。从技术上说，网站的转化率比流量更重要，有流量没成交的网站多得是，所以应该先做转化率再做流量。

五是做电子商务心态很重要，不要想着一下子做多大，不求跑多快，但求慢跑能跑多远，电子商务创业的路是非常漫长和艰辛的，要做好长跑的准备。

独自闯出一片事业天空，或者集结三五个好友的力量，合力创一番事业，是很多人都曾有过的梦想，但是，光有梦想、希望，而没有创业所需要的兴趣，再美的梦想也难以成真。名人似乎总有与众不同之处，盖茨之所以会成为当今电脑世界的显赫人物，其独特的性格特征也许早已注定了他的非同寻常。盖茨是个典型的工作狂，这种品质从他中学时期就已表现得淋漓尽致，无论是在电脑房钻研电脑，还是玩扑克，他都是废寝忘食，不知疲倦。上大学时，扑克和计算机消耗了盖茨的大部分时间。后来，当他在阿尔布开克创业时期，除了谈生意、出差，盖茨就是在公司里通宵达旦地工作，常常至深夜。一位曾到过盖茨住所的人惊讶地发现，他的房间中不仅没有电视机，甚至连必要的生活家具都没有。商场如战场，对盖茨来说，他必须胜利，所以盖茨是个天生的工作狂。

那么，对于那些以未来个人创业为目的的打工者而言，应该怎样来协调兴趣转化为创业呢？下面结合一些成功者的经历来更直观地阐明这个问题。

乔·雷诺兹曾在40多个国家完成探险旅行，之后决定将户外探险的爱好变成日常工作。为此，乔·雷诺兹推出了一项前所未有的城市探险赛事，活动仅耗资5000美元。在城市探险比赛中，各参赛团队通过各种线索完成每项心理和身体上的挑战，同时，以全新的视角重新认识他们的城市。后来，雷诺兹与合伙人瑞安·昆柯尔通力合作，成功将投入城市探险的初始投资实现增值。公司总部位于芝加哥，拥有60名全职雇员，旗下拥有三项特色的极限活动比赛和一批忠实的拥趸。

勇士冲刺公司赛是最受欢迎的活动，这是一项5千米障碍赛，设置的障碍包括布满原木的池塘、岩壁、火焰隧道和泥浆池，2011年在全美35个城市举办了比赛，有60万人参加。今年，公司将把赛事带到爱尔兰和英国，举办第二次国际比赛。2007年赛事现实收入5万美元，预计2012年收入将增至8500万美元。雷诺兹表示，“在过去的四年半里，我们事业的开头非常成功，但是，我们对未来的发展更加期待。当你满怀激情投入事业时，你可以发现很多绝妙的机遇”。在此之前，雷诺兹曾经营过一家房屋粉刷公司，但他承认，他不知道如何在经营过程中参与市场竞争。他所明确知道的是他喜欢参与竞争性和趣味性的活动，并且很希望和公众分享激情。雷诺兹正在将自己的辛勤努力和执着，奉献给他所热爱的事业。

如果你想和雷诺兹一样，将兴趣转化为事业，可以从以下六点秘诀开始：

第一，不要单纯依靠激情。

尽管激情是事业的良好开端，但是却不足以长期支撑企业的发展。创业之前，要审视现实，确保拥有成功所需的其他要素，诸如努力工作的意愿、公司服务或产品的市场空间。

美国雪城大学的创业学教授约翰·托伦斯曾创办过多家公司，根据他的观点，“有时激情可以让创业者变得盲目，看不到想法中潜在的不利因素。任何可持续发展的成功企业都具备一项必要因素，即可以为特殊客户群解决问题，而解决问题的方法明显优于其他企业。尽可能全面了解潜在客户的反馈。无论创业者的想法有多伟大，但仍然需要了解市场的需求”。

道格·怀特是一名创业企业顾问，并和其他作者合著《放手发展：为什么一些企业蓬勃发展，而另一些企业无法发挥潜力》一书。道格·怀特认为如果对企业没有激情，创业就很有可能会以失败告终。怀特表示想将自己的兴趣爱好变成事业的创业者必须注意以下事项：

选择你擅长的业务领域。“如果你的企业的主要工作都是你的兴趣所在，这可能不是一个问题。”怀特表示，“但是我们看到很多人购买了特许经营权或创业后，发现自己并不喜欢或并不擅长企业的主要工作。”

关注细节。要想企业成功，必须做好大量的日常工作，这些工作可能包括订购库存、支付账单、开具发票、会计记账、清扫地板、市场营销和产品销售。道格·怀特介绍，“你需要制定一个完成这些工作的计划。如果你有这方面的爱好和技能，可以亲力亲为。在公司现金条件允许的情况下，也可以将这些工作外包，或者也可以引入合伙人来承担部分工作”。

责任下放。企业业务增长后，创业者必须做出选择：要么将主要工作委托给他人；要么将管理运营的工作委托给他人，这样创业者可以继续专注企业的主要工作。

第二，聘用有激情的员工。

城市探险公司的大多数新员工都是通过公司的实习生计划被公司聘用的，每个实习岗位都有近150名申请者。“如果你通过了我们的申请过程和实习计划，我们就会知道你对工作、公司和生活充满激情。”雷诺兹表示。

员工和创业者对企业拥有相同的热情，这会有助于公司的成功。例如，在2010年的路易斯安那州勇士冲刺赛上，活动期间龙卷风摧毁了所有布景设施。“我们必须暂停活动，当时一片混乱。”昆柯尔表示。然而，暴风并没有终止比赛。虽然雷诺兹和昆柯尔都不在路易斯安那州，但是负责管理比赛的员工熬夜修好了场地，并再次布置好障碍，因此，未完成比赛的参赛者可以在翌日完成比赛。

通过聘用与创业者拥有相同热情的员工，随着企业的发展，创业者可以将公司业务工作委托给员工，而不必每项工作都亲力亲为。

第三，分享爱好激情。

如果你对某项活动有兴趣，很可能其他人也有共同的兴趣，并且希望更多了解这项活动，那么分享你的知识可能是创业的好办法。卡蒂·韦伯于2001年辞职，将自己对风水的爱好变成一项咨询事业，她起初推出了一项名为“风水财富”邮件快讯的服务，使其在该领域确立了商业地位。

韦伯表示，“人们会转发我的邮件，这样我就获得了新的用户注册。在聚会上，我向任何我遇到的人提供免费内容”。韦伯的电子杂志2001年9月业务上线时仅有22个用户，到去年邮件订阅者超过1.5万名，并为她赢利了20万美元。

第四，保持创业激情。

一旦业务开展起来，创业者会陷入运营公司的日常工作中，原有的激情也会逐渐干涸。艾伦·霍尔致力于为创业者提供在线课程的免费资源，据他介绍：“创业者要参与公司中自己最喜欢的工作，从而保持创业激情。将过多的时间花费在可以委托给他人的重复性工作上，最终会将创业者的激情磨损殆尽。”在创业之初就要牢记你最热爱的工作，如产品设计或开发，或者开发新客户，并且有意识地努力参与到这些工作中。否则，你的工作就将变为一种苦差事，可能会扼杀你对原有爱好的激情。

雷诺兹和昆柯尔表示他们将继续参加比赛，这样他们就能保持对赛跑和娱乐的热爱。促使公司成立的热情，也可以帮助创业者释放工作压力。雷诺兹和昆柯尔让员工对其自己的问题制订解决方案，而不是要事无巨细地管理员工。公司每年会举行三次全员活动，鼓励每位员工列出自己的发展“瓶颈”，或列出妨碍其发挥最佳才能的问题。三次活动结束后，雷诺兹和昆柯尔会根据所列出的问题做了40项改变，例如修改客户服务政策，并贡献出自己的打印机供员工使用。

第五，提升工作乐趣。

美国雪城大学托伦斯教授认为基于自己兴趣创业的人当然会在创业过程中找到乐趣，但要保持创业的激情，还需要做大量的工作。他表示："由真正有激情的企业家领导的公司与那些以激情和乐趣作为销售和招聘噱头的公司大相径庭。真正充满激情的公司，所有企业特质都由激情发展起来，包括人员、公司政策、品牌和社区关系。对兴趣爱好的迷恋是装不出来的，但需要花些时间创造发展兴趣爱好的环境。创业者需要关注公司的使命，保持企业发展方向，避免偏离航向。"

在城市探险公司，雷诺兹和昆柯尔努力为员工营造积极的企业文化。公司额外的补贴包括无限制的假期；完整的医疗、视力、健康和牙科保险；持续供应的免费食物和饮料（包括啤酒）；以夏令营为主题的办公室，还配备了树屋、帐篷和吊床。

雷诺兹表示："每年有三次机会，我们会在午饭后突然决定关上办公室，让员工进行考察旅行。我们会去玩扫帚球或在密歇根湖上游船。这样偶尔抛开工作，可以和员工彼此了解，和同事真正地享受激情，这一点非常重要。"

除了保持员工的工作充满乐趣以外，更重要的是要成为一位尽可能开朗的老板。雷诺兹和昆柯尔对新的想法和新产品的推出总是兴奋不已，他们乐意聆听公司员工的创新意见，每年公司会举办三次内部商业计划竞赛。"通过这些方式，我们获得了大量可以在未来推出的新理念，这对员工来说也是一个乐趣，因为对他们的奖励是一个月的免费午餐。"昆柯尔表示。

第六，突破原有激情。

当基于个人的兴趣进行创业时，很容易假定企业必须与创业者始终在同一轨道上。但是，成功的企业家明白，变化或创新会更有利于企业发展，创业者也可以通过其他方式实现原有目标。

雷诺兹创办城市探险公司，是因为他希望将其探险旅游爱好与赛跑相结合。但是，在过去的5年里，雷诺兹和昆柯尔认识到他们更热衷于策划娱乐活动，而不仅仅是赛跑活动。今年，他们计划进军音乐节产业，从举办“萤火虫音乐节”开始，并希望可以将活动规模做到行业领先。昆柯尔表示：“我们做的每个决策并不是为了本周或下周或明年，而是为20年以后，创建一个可持续发展的公司需要不断的创新和发展。”

雷诺兹和昆柯尔已经完成了一个非常成功的事业开端，他们表示更期待未来的发展。雷诺兹的团队总在打开新的思路，并看到不同领域的诸多发展机遇：“创业者必须突破原有模式，将思维和想象进行延伸和发展。”

不善把握客户，软件开发告废

作为一个新产品开发创业者，应该首先自问这样两个问题：你的客户真正的需求是什么？你能提供那些满足他们需求的商品吗？为此，创业者首先需要找出你所售商品的终端使用者，即你的客户；其次要思考他们现在如何买到此类商品，这些商品还有没有其他渠道提供给客户吗，这些渠道中有可行的没有。

通常问上述两个问题就会得出一个新的商业点子：产品可以和别的公司一样，但是要用一种客户更喜欢的渠道提供给客户，并带有他们喜欢的附加值。假如对客户的需求和自身能力没有一个清醒的认识，那么，你的创业就难逃失败的厄运。下面这个故事的主人公和他的团队就是一个例子。

2011年，洪钧觉得在别人眼里还不错的工作并非自己想要的生活，心底里一直涌动着一股创业的激情。他自负地认为，自己可以实现更高的自我价值。洪钧在心里呐喊：我要创业！怀着一种为了创业而创业的心态，洪钧就这样开始了自己的创业体验。

创业之初，洪钧调查过很多行业，引起他注意的是汽车维修行业。根据没有详细证明的调查结果，后汽车市场一年有几千亿。洪钧着手开始调查了国内各家汽车维修行业的软件情况：有做汽车维修资料网站的，国内做得好的有两家；做汽车维修的管理系统及典型三层架构的，有点类似简单的系统，这样的公司大概有十多家；做汽车硬软件结合，汽车设备检测的公司，大概有十多家。

调查后洪钧认为，对于汽车维修而言，这些企业做得非常单一，没有形成行业的整合，没有软件对汽车维修做到比较完美。为何不可以做一套汽车智能维修系统，智能分析汽车故障，提供汽车维修资料，引导维修人员维修汽车，做到一站式保姆服务？为何不可以将汽车设备检测、汽车维修管理系统整合到一起？洪钧此刻信心满满。

于是，洪钧开始着手准备这方面的资料，写方案时发现，需要投入大概600万的资金。哪有这么多钱！怎么办？找“风投”！加入各种“风投”群，找各种投资人聊，但对洪钧这样的只停留在想法阶段，还没有形成产品的东西，没有人感兴趣。一段时间折腾下来，洪钧放弃了这一行业。

在心灰意冷的时候，洪钧决定先让自己冷静下来。加入一个IT交流群里，和一群做程序的朋友聊聊。几天下来，和大家混得很熟了，有一个朋友发了一个消防软件给他，问他这个是否可以做，他说当然可以做，“一个简单的消防单机版办公软件嘛，这有何难？”但是后来的事实证明，接一个项目做了再接另外一个项目来做，这种 IT外包式的，不可持续的模式实在没有意义。

洪钧又仔细调查了消防行业，发现这一行业居然还处于信息化真空状态，市面上基本上没有一套现成的消防管理系统。广州有一家公司在做，成都有个高校在做，不过都还不成熟。进驻这一行业，发展成为这一行业的龙头的设想，让洪钧感觉抓住了一根救命稻草。

洪钧拜访网络上的这位朋友，得知这套系统的甲方是政府部门里的人。他又开始调研这套系统的需求，发现需要做的不仅仅是一个单机版，是一套基于广域网的消防协同办公系统。洪钧觉得自己能行，就开始谈价格，价格分为研发费用、安装费用，以及维护费用。仔细评估下来，客户给的研发费用实在是太少，不可能做出来这样的产品。最后价格谈判陷入僵局。

为了能拿下这套系统，为了占据这个行业，洪钧决定自己垫资进去，开发出这套系统。客户答应，每安装一个客户端，洪钧这边可以收取500元的安装费用，每个客户端，洪钧可以每年收取500元的维护费。不管怎样，开始着手做吧，不为别的，只为梦想！

洪钧开始组建团队，租场地，买设备。他给他的软件系统取了一个名字：The new fire management system（新消防管理系统）。那些对洪钧一直不离不弃的朋友参加了这个团队，洪钧给朋友的是工资加股份加每天包吃。不过工资也不高。

客户的要求还真多，Demo（样品陈列演示）版从以前的几个静态PPT（一种演示文稿图形程序）页面，到要求一个Demo版软件版本。这让洪钧心里非常不安，客户的很多要求与刚开始谈论的结果非常不符，客户始终以一种高姿态的方式与他交流，所以他担心以后的软件同样会出现这样的问题。后来的事实证明的确如此。

一个月后，经过大家的努力，终于把 Demo开发出来了。洪钧开始与客户一起到各大公安局、各个企业去演示。效果还挺不错，客户告诉他，很多企业需要安装。

这就表明，要支持几千甚至上万人同时使用本系统，这就大大加大了软件的难度，对服务器和通信的要求也会更高。无形中，这又给开发增加了非常大的压力。

客户偶尔会过来看洪钧的软件开发进度，偶尔会提出一些特殊需求，比如客户提出一个用户N个人登陆，但是N个人又是不同的人，他们说有他们自己的管辖权限与范围，但是又必须是同一个用户。没办法，既然客户提出了，就想办法实现它吧。客户还提出，每个人要有签名，可以方便地实现软件签名。好吧，洪钧就决定自己买来汉王手写版，将签名保存成图片存入系统。客户提出，需要在软件里播放各种格式的视频音频文件，好吧，洪钧他们使用了开源的VLC（可见光通信），支持常用的视音频格式。客户又提出，每个人的签名必须唯一，软件需要智能识别出是谁在签名，洪钧说这个实现不了。首先，其他人可以模仿签名者的笔迹；其次，每个人的签名也不一致。

客户说他看到美国有一部电影里可以。洪钧一听，当时心情就不是很好了：这个理论上根本就行不通，就算行得通，你给的这点研发费是不是要我给你开发一套操作系统？最后洪钧提议，通过每个人员设置密码来解决。客户提出了太多的特殊需求，尽管有的需求非常合理，但是客户给洪钧的研发费实在做不了这么多。没办法，为了梦想，也为了打造一套比较好的产品，洪钧他们都给客户做了。

为了打造好这套系统，洪钧的团队开发了一套网络管理软件，开发了一套企业客户端，政府部门客户端，消防维护企业客户端，一套FTP服务系统，通信服务系统，这一大堆系统，只为了支撑这套行业软件的运行及管理。

在研发过程中，通信服务这块比洪钧预期晚出来了两个月，开始时准备采用分布式服务器，由于客户说以后只出一个服务器，又改做了单一服务器的通信服务，开始决定引用P2P技术（“对等”技术，又被称为“点对点”）。洪钧的技术人员在调试过程中，出现很多问题，于是洪钧他们决定使用服务器转发方式来实现点对点通信。为了提高通信效率，他们在服务器端安装了另外一个入库服务，使用OCI（调用接口例程）快速存储。为了实现一个用户多人登陆，他们开发了用户逻辑查找模块。大家从来没有周末，每天加班，无数次通宵。又经过半年多的研发，他们的试用版终于出台了。

此刻，洪钧已经投入了自己打工时候的所有资金，他决定在客户还没有给他试用版研发费用的时候，提高这套系统研发的价格。原因是他实在没有资金继续支撑这套系统的正常运转、升级、安装及维护，而且这套系统与客户当初设想的软件是不同性质的概念，增加了极大的难度。另外，洪钧认为，合作双方必须成为一种利益共存体，大家才能继续为这个行业服务，推出更多的行业整合的软件，继续推动这个行业的发展。

系统研发的价格提高了，与客户的价格拉锯战也正式拉开了。经过多个回合的较量，客户最终不同意出更高的价格，尽管他仍有着丰厚的利益空间。最后，这套产品半途而废，留给洪钧的是一套还需完善的系统。洪钧永远地站在了这个行业的门外，而且花光了他们打工时的所有积蓄。

这次创业虽然失败，但洪钧不后悔，又准备开始找工作。洪钧现在想想，加入一家企业，辅助一家企业发展，其实也是可以实现自我价值的。洪钧这样总结自己的教训：不能抱着为了创业而创业的心态去创业！当我们认为已经准备好创业了，可能还没有真正准备好！如果创业的时候，对客户的依赖性太大，那一定得选择好客户！一定要想办法，与客户建立利益共存机制，让客户对你形成依赖！资金要足够！创业时，一定要选择好方向，接点项目外包做是没有前景的！

点评与建议

洪钧的创业经历告诉我们，一个创业者获得客户的支持是多么的重要！

虽然所有的创业者都要重视客户获得，但最佳值取决于获得客户的机遇，保留客户的能力及客户重复购买的频次。为此，企业管理专家提出了四条法则，可以使创业者的客户获得最优。

第一，让客户的未来贴现价值超过获得该客户的成本。

一个企业应该持续地投资于客户获得直至最后增加的客户不能补偿它的投资。如果企业不在客户获得上投资直至其边际客户的净现值低于零，这种企业将会出现投资不足，那些净现值远高于零的潜在客户也会中止与企业的交易。

投资不足，企业无法将其客户权益最大化。这些企业在进行最初的客户获得预算时很少考虑未来的客户价值；更糟的是，他们在进行整个市场营销预算时也将花费与客户获得、客户保留及增量销售的目标隔离开来。

第二，做好接受客户高要求和更低客户的准备。

这条法则是第一条法则的推论，并假设企业总是首先瞄准他们的最佳客户群，其次瞄准他们的较好客户群，依此类推。这一过程会使企业在获取越来越多的客户时面临着不断降低的客户反应率。根据第一条法则，降低这条原则将使企业在客户获得上大大超额。

第三，目光长远，看到客户未来收益。

这看来也许是违反直觉的，为什么高的客户保留收益要使我们更加关注客户获得呢？其中的逻辑很简单：假如未来从一个客户所获的收益很高，那么企业就有能力承担更多的初始投资的损失以获得客户。企业因此可以加大其对于客户获得的力度，获得更多的客户，从而获取这些客户的保留和增量销售的价值。

第四，尽量获得现实收益。

早期的回报决定了投资的风险水平。同样的经济回报，为什么企业不选择一个更低的风险水平呢？尽管打折可以用于调整风险，但大多数管理者宁愿获得更快的投资回报，因为未来是不可预测的。

打工创业启示录

许多上班族都不甘心一辈子处于打工者的位置，都想边打工边创业，开创一番属于自己的事业，但打工者创业需具备什么条件呢？事实上，大多数人都适合打工，但适合创业当老板的人却不多，尤其是在打工基础上进行同步创业的准老板。各位在决定进行创业之前，还得好好想一下自己是否真适合来当这个准老板。

每个商业项目都可以说是有钱赚的，前提是要通过相关的条件因素和人为运作，不可能有哪个商业项目是傻瓜式的，可以自动运作的，极少有生意能做到人人都能上手操作并赚钱的，就是在车站卖茶叶蛋的，还有赚有赔呢。

具体需要怎么做才能边打工边创业呢？我们依据大量实践经验，整理出如下几点，以供各位对照参考使用。

第一，培养商业心态。

消极的心态消耗人生。积极的心态像太阳，照到哪里哪里亮；消极的心像月亮，初一十五不一样。

有什么样的心态做什么样的事，做商业，自然得要具备商业心态，那么商业心态由哪些因素构成呢？简单点来说，就是得了解商业的本质在哪里，商业过程与目标结果的关系。通俗点来说，商业的根本目的是赢利，所谓的市场选择、产品、项目、运营方式等都是过程和工具而已，一切都应该是以实现赢利为最终目的、为核心来运作，来作为指导思想的。不能依据准老板自己对某项产品的喜好，或是单方面对某块市场的看好，或是坚持认定自己的某种市场操作思路非常具备先进性，而作为项目的发展运行指导思想。

许多准老板就栽在不正确的心态上，完全是以自己的个人喜好和单方面判断标准来选择市场和产品，以个人化的感性心态而非理性化的商业心态来规划运行发展方案。结果往往是准老板砸了一大批自己很喜欢的商品在手里。

还有许多人把这个商业心态的问题简单化了，以为有赚钱的心态就会做生意了。绝大多数国人都有赚钱的想法，问题是怎么赚钱想清楚没有，思路方案是正确的吗？客户和消费者能接受吗？资源投入和回报率是合适的吗？每一步具体的做法又在哪里？有没有预见性地进行一些问题和事故的预防准备工作？

所以说，具备商业心态，是从纯粹打工者提升到准老板最为关键的前提条件因素。

第二，要能在上班时间走出来。

在创业的初级阶段，出于成本及业务量的考虑，没法也没有必要来直接招聘员工，许多具体的工作都得准老板自己事无巨细地亲自出马。问题是这些需要自己亲自出马的时间大多是在工作时间以内，这就需要准老板们能在上班时间走得出来，而且是合法地走出来，总不能天天请假出来跑自己的业务吧？在一个常规企业里，也只有业务部门和市场部门的人员可以名正言顺地每天出来活动，从而趁机处理各类自己业务方面的事情。

别小看这个能不能在上班时间跑出来的小细节，这将决定创业项目中许多具体工作的推进进度和市场反应速度。

第三，构建人脉资源。

有句俗话说："钱不是自己赚的，而是朋友送的。"打工者创业多为小成本起步，各方面的启动费用预算都比较有限，而在起步阶段又是各方面资源耗费的最大时期，就必须考虑借助各方面的人脉力量，来减低成本，提高工作推进效率。特别是在市场调查、产品储运、客户开发、借壳运行、手续注册等方面，在创业所涉及的每个环节，最好都有一定的人脉关系存在，这样才能最大限度地保证创业的成功率和稳定性。

做生意就是和人打交道，和各式各样的人打交道，这些人包括零售商、渠道商、消费者等。当然，与这些人打交道是要有前提条件和成本的，例如，得有个合适的平台才能接触到你想要接触的人，得有交往的时间和空间条件，与客户交往难免得产生一些费用，等等，这些前提要求大多是得通过本职工作来解决的，所以，准老板们得想好，面对这些你将要接触的人，相关的辅助条件是否都具备了。

第四，知识就是财富。

知识在人们的商业活动中是十分重要的。这不像一般人的认识那样，似乎没有知识的人才挣了大钱。其实不然。作为商人，他的知识应当有些特殊的要求，而不同于一般人的知识，比如财务知识、所从事领域的专业知识。没有这些知识，他们很难在商场上游刃有余、如鱼得水。一个人只有具备高素质，才能在择业和创收方面胜人一筹，才能在经商中巧用谋略获得巨大的收益。

没有人一生下来就具有专门知识，每个人都要经历一番钻研、一番刻苦、一番历练，才能储备足够的专门知识去帮助自己成就大业。

第五，矢志不渝。

创业者一旦确认目标，就要矢志不渝，只要有坚强的意志，成功就不远。成功不是别人给的，成功是内心对自己的认可程度！一个人可以去羡慕别人，但一定不能否定自己。一个人可以去学习别人，但一定不能失去自己。一个人可以很爱别人，但一定不能忘记自己。

起步之后，你必须一直牢记自己到底为什么要做这件事。有主见方能成大事，创业并不只是一个产品或一项服务那么简单。你必须心怀信念，要有主心骨，要了解自己到底是为什么而奋斗，并且要让世人明白你的信念。

第六，确定能摊销掉多少费用。

除去基本的进货资金及必备固定费用外，商业运行还要涉及各式各样的维护性开支成本，例如交通工具成本、通信工具成本、办公设备使用成本、资讯来源成本、客户开发成本等，而准老板的创业初期，资金本身比较有限，利润短期内又见不着，各类开支成本完全要准老板自己承担，难免显得很吃力。在这个问题上要考虑清楚，自己的本职工作能给自己的创业提供哪些费用开支的摊销，不然的话，所有的费用开支都得自己承担，那估计赚的钱在初期很可能连支付这些费用成本都成问题。

总而言之，进行独立商业项目运作，必定是有门槛和条件的，在决定进入之前，一些基本的前提因素首先得考虑清楚。如果想不清楚必然做不起来。

第七章
草根创业，白手起家也疯狂

草根是个弱势阶层，弱势源于贫穷，而贫穷源于观念。草根们改变不了这世界，也拯救不了这世界，那么当下能做的就是改变自己，拯救自己，发展自己。但是他们往往带着顽固的人性弱点，“草根性”具有强大的凝聚力，更具有强大的生命力、独立性和大众性。本章描述的草根创业故事，试图揭示这样的主题：把人生看作是一种拼搏，是穷人的一种生活态度。草根创业者需要有忍受孤独、失败、屈辱的过硬素质，在孤独、失败、屈辱的废墟上重塑信心与梦想。草根创业者要有不被尊重的心理准备，要有用行动赢得尊重的执行力，要有用丰富表情征服一切的自信，更要有用独到的眼光发掘潮流商机的直觉。

苦命女打工创业辛酸路

一位通过自我奋斗取得成功的女老板曾经说过这样的话："女人不要把自己当花，花儿总有凋谢的时候。女人要把自己当成树，才能经受风雨，才能开花结果。"诚如斯言！人生经验告诉我们，那些在逆境里一步步往前走的人，无论起步时地位如何低下，只要坚忍不拔，就会在事业上取得成功。下面这个故事中，苦命女春花的打工创业历程就是一个最好的证明。

春花从小就出生在一个很苦的家庭，父亲是个残疾人，只有三根手指头。春花的大姐比她大8岁，二姐比她大2岁，弟弟比她小6岁。从小春花家就受到村里人的欺负。那时家里穷，每天经常为了吃饭的问题而发愁。有一天春花从外面回来，听到父亲和母亲正在商量说要把她送给远房的舅舅收养。第二天，春花哭着喊着被舅舅抱走了。就在那一瞬间，父亲老泪纵横，不敢看自己的女儿，转头就进了房间。

可三个月后，父亲来接女儿了，看到女儿就抱着痛哭流涕地诉说："自从你走后，我天天做梦都梦到你，我怎么就那么狠心，把你送给别人啊，这到底是我造的哪门子孽啊……"春花被接回家了，那一年她5岁。

春花从懂事起，就经常看到父亲眼里流露出太多的无奈，那时，她真想替父亲分担所有的一切。春花的大姐读书很用功，也很懂事，每次从学校回来，都要抢着干活。春花5岁就跟着父亲一起上山下田，到11岁时，就收割打稻谷了。家里4亩地，一到秋收季节，春花都是一个人踩打谷机，爸爸在旁边帮女儿递禾，然后两人一起把谷子搬回家。春花的大姐也很争气，高中两年就考上了师范大学。大姐考上大学后，父亲觉得好日子要到了。春花为了供大姐上大学，更是把大人们要做的活也揽了下来。父亲看到女儿做起事情来还真像大人那么一回事，虽然心疼，但还是很开心，常说这个女儿聪明是聪明，就是不喜欢读书。其实，春花不是不喜欢读书，而是看到家里那么苦，只想早点帮父亲分担一点，父亲的双手不方便，自己也就成了父亲左右手的依靠了，父亲不能做的活自己都会尽力去替他完成。

也许上天有意弄人，就在家里的日子渐有起色的时候，春花的父亲却病了，是精神上的问题。很多人说是父亲想事情想得太多了，压力太大，他有苦没处诉，有气没处发，憋在心里憋坏了。有一天，春花上山砍柴去了，等回来后，发现父亲不见了。两天后，在下游的一只大船底下发现了父亲的尸体，当时那场景，春花一辈子都不会忘记！父亲一身肿胀，全身发紫，大家把他捞上河来，抬回家中。

此时，家里穷得连买口棺材的钱都没有，于是亲戚们凑了1000块钱，把父亲安葬在了家屋背后的小山上。那年春花13岁，父亲55岁。

春花14岁那年，亲戚带她去外面打工，在工地挑过灰浆，那种活太苦了，肩膀经常肿起来，一个月下来才几十块钱，这样的工作不适合女孩子。15岁去桂林打工，开始给人家做小保姆。那个主人家里开了一家发廊，所以春花有空的时候就会学着洗头发，慢慢老板看这个小保姆做得很好，就让她做洗头工。春花不怎么喜欢剪头发这行，但她清楚知道，这个社会没有手艺想生存很困难，就逼着自己学，看师傅怎样操作，她有时候还跑到老乡工地上给他们剪头发。几个月下来，春花成了店里的得力助手。

春花16岁时，就在一个店里当师傅了。她经常偷学高档师傅剪头发的技巧，很快，在那一条街，她的手艺算是上等的了。这样了打两年工。

春花18岁时，向大姐借了3000块钱，在G市开了一间小发廊。开始的时候，18岁的春花看起来太小，有些人很怀疑她的手艺，但剪完他们说比一般的好很多。后来春花开始带徒弟，剪头发3块5块的，一天忙到晚，生意越来越好，一个月纯挣2000元左右。那个时期能挣这么多钱，已经超过普通工人10倍的工资了。

就这样干了几年，春花由于本来就不喜欢这个行业，也在一个朋友的劝说下，想去外面看看，就和朋友一起到温州打工去了。

为了生活，春花开始在饭店里当服务员，一个月1000块。春花不甘心这样打工，她看温州外地人很多，有些地方看起来不怎样，但开个小小的发廊应该比打工强。她用打工两个月的钱，租了一间10平方米的房子，200块一个月，买了一些简单的剪头发工具，总算把自己安定下来。虽然有一段时间没有剪头发了，但基本的手艺还是有，一个月做下来，可以挣2000元左右。

这种平静的日子被一个男人打破，为了帮助这个男朋友，春花倾尽所有。男朋友的姐姐是开五金店的，说春花他们没有事情做，反正五金店里也可以卖很多振动棒，他们就做振动棒吧。

开始做出的产品一般，春花就想，为什么别人可以做出好产品？我为什么不行？她就一步一步地改进，产品质量越来越好，生意也越做越大，两年时间春花帮助男朋友和他姐姐挣了几十万元。

可是没想到，接下来的事情让春花伤透了心，因为她不能正常生小孩，男朋友就想办法让她离开。面对这无情的男人，春花只有离去。

春花深知振动棒这个行业市场很大，知道这个行业是有很大的发展潜力的，也就认定了振动棒这个行业。只是自己现在差的就是启动资金，也就几万块而已。

春花本来希望家里人支持自己开厂，但家里人强烈反对。春花不甘心："难道我这一生就这样完了吗？"

在房间里哭了几天，春花认识到除了自己没有任何人能帮助自已，所以一定要擦干眼泪，绝处逢生！

春花打了几个电话给她以前销售的老客户，说自己想开振动棒厂，但没有资金，能不能合伙，你6成，我4成。老客户清楚春花振动棒技术很过硬，有一个客户在电话里就表示肯定能挣钱，并马上答应与春花合作。

春花一个女人在外地和人合伙办厂，自然引来了很多闲言闲语，对方老婆对她也多存了几个心眼。春花在外无依无靠，只有把委屈的泪水往肚里吞。

为了把工厂做大，春花付出了超出常人几倍的努力。做五金干的都是体力活，一支振动棒做下来，大都是三四十斤重，几斤重的榔头每天一敲就是几个小时。这个产品就连很多男人都不愿意去做，嫌它油污和肮脏，做完活后，一双手洗半天也洗不干净，每天穿着的工作服，一年难得换上几次。那段日子，每天总有干不完的活，春花经常晚上一个人加班做到10点。一天工作十几个小时，回到住处，腰经常痛得直不起来。

然而，春花的努力，却没有得到合伙人的认同。在他们眼里，他们认为他们出钱多，春花出钱少，春花出卖的只是劳动力而已，他们认为春花提了4成已经是捡了便宜。这样合伙了10个月，合伙人的老婆就想自己单干，按4成算，春花也就分得5万块钱左右。

春花知道很多东西也没有办法去算，这样的结果迟早有一天会出现。但让春花没有想到的是，他们竟提出无理的条件，要春花承诺不再踏足本地市场，这样的话，他们才能把5万块现金分给她。春花当然不答应，又不是自己提出要分的，凭什么市场要让给他们！合伙人很狡猾，于是又想出一招，他们要春花拿出15万元，厂子就归她。他们明明知道春花拿不出那么多钱，就故意这样刁难她。

这样僵持了好几天，最后吵到了派出所才把事情解决。派出所很公道，说你们这样欺负一个外地女子太不像样。结果春花分了4成，春花找来的客户的提成都归她自己，客户的欠账也得春花去要回。

春花开始一家一家去客户那要账，一个月时间下来，要回来了几万。其中有一家欠1.6万块，这点钱对春花当时来讲是很重要的。而合伙人一心想把她赶出本地市场，散伙后以降价为诱惑想把春花的客户拉过去。在这种情况下，欠1.6万块的那家客户知道机会来了，就提出要求，要春花教他们做振动棒产品，欠的钱他们全部还给她，每个月还给她几千块钱的工资。在没有办法的情况下，春花只好委曲求全地答应了他。

春花的第一次创业就这样结束了。

2005年，春花把自己积累的资金全部投入二次创业中，无论成功与否，她打算拼一把。8月1号，春花的重力振动棒公司成立了。

因为春花的这个公司是做组装，材料有了，但对组装技术的要求却是很高的，技术不过关，做出的产品就不合格。春花深知这个行业产品质量才是生存之本，如果没好的质量，很难得到客户的认可。开始的时候，技术都是春花自己掌握，产品多做一点，没有什么资金，产品书也没有，经常就是带着价格表和名片出去，到附近五金城里跑，附近城市跑，厂里类似的很多事情都是自己抓。

对于一个新厂来说，没有任何知名度，也没有资金给别人铺货，可想而知难到什么地步。在价格和名气方面春花没有任何优势，只有一条路就是直销，一家一家地跑，产品给他们试用，感觉好再付钱。很多客户开始都会持怀疑态度：你一个小女人的产品能好到哪里去？很多人开始就是试一下。拿几个样品给老客户用，用过的客户就告诉春花，说这个产品和以前用的不一样，力气很大，振水泥也比较快，时间也可以用得比较久，因此就一次比一次多地要货。就这样，春花用质量敲开了市场大门，产品得到了客户的认可。

但问题又出现了。旁边的店看到重力振动棒公司的产品好卖，就经常打电话到厂里要货。春花知道，看眼前利益就会卖给他们，看长远利益就不能卖。春花没有答应邻居的要求，因为她要保证老客户的利益，毕竟是他们在一开始时帮自己打开市场，所以一直保证一个市场只给一家卖她的产品，除非这家不再卖了，春花才会再放一家。

有了诚信，客户就没有后顾之忧。春花的代理商们需求量就越来越大，找上门的客户也越来越多，公司的销售额在第一年就突破80万元。

后来，春花有了自己的工厂，还有一批很好的员工。在春花的工厂里，没有员工和老板之分，大家都当是自己的工厂一样，不需要管束。大家都在一起吃饭，有时候一起逛街，就像一个大家庭，员工看到什么货不多，就知道每天应该做什么产品，需要赶货的时候，还会一起加班到很晚。工厂这里不搞计件，都是包月算工资，到月底那天，就会准时把工资发给员工，工资比一般的地方要高一些，员工说就算工资和外面一样也愿意在这儿做。

春花用自己以前打工时的心情对待员工，小事情多关心他们，谁回家有事情，回厂那天，不管忙不忙都会给放一天假。因为春花自己经常坐车，了解坐一天车太想休息一天了。春花心也没有那么贪，小事情不喜欢计较，大家开心最好。春花把所有的员工都当朋友，因此大家都在为一个目标而奋斗，因为这个目标和所有人的利益挂钩，大家都会去努力把这个事情做好。

2006年对春花来说是个良好的开端，到2007年，公司开始稳定发展，一切都步入正轨，在保证老客户的同时，致力于发展新客户。为了长远发展，春花一直坚持放弃眼前利益、一个地区只要一家代理商的原则。这样做虽然发展比较慢，但是公司保护了代理商的利益，他们和公司达成了长期的合作，甚至有的代理商都自己出去跑市场，这其实也是春花坚持原则的结果。到了2008年，春花的公司加入阿里巴巴并成为阿里巴巴的诚信通会员。同时，公司开始走上了辉煌的旅程。

通过阿里巴巴这个平台，春花广发信息，充分利用阿里博客、论坛，也使用付费竞价排名，一举把生意做到了全国各地。半年的时间，销售业绩从100多万提升到了600万，这个结果是出乎春花和员工意料的。目前，有上百个代理商主动找春花的公司要做产品代理。

重力振动棒公司从一点点做到现在的规模，就像一个小孩子长大一样，春花的心血没有白费，她用最真诚的心对待所有人。经过几年的经营，重力振动棒得到客户一致的好评。大家的认可成为春花最大的动力，她要把最大的利益让给消费者。质量就像她的生命一样重要，诚信是重力永远不变的宗旨，她要用高质量和中档价格打造中国振动棒大品牌！

春花经常听到客户说："你让我佩服，我卖过市场上那么多品牌的振动棒产品，还真没想到质量这么好的产品会是出自你一个毫不起眼的小女人之手，产品稳定，耐磨，振力十足，这也是这个行业很难掌握的，你又是怎么做到的呢？"春花笑着告诉他们说："心态决定我的品质，品质塑造我的专业，我牢记牛根生一句话：'小胜凭智，大胜凭德。'"

更多的时候，春花会更进一步认识和深刻反省自己的不足之处。为了提高自身的业务素质和业务水平，她平时只要一有空，就会跑到附近书店，阅读大量有关销售方面的书籍，因为她认识到，21世纪的文盲不是那些没有学历、没有文凭的人，而是那些不思进取、不去学习的人。

点评与建议

通过以上描述，苦命女春花催人泪下的经历，让我们的心久久不能平静。一个从农村走出去的女孩子在外面打工是何等艰难，更不用说小学文凭的她，在他乡创业更是难上加难。但春花做到了，她成功了！成功的背后付出了多少，那是她这一辈子最大的财富！我们可以看出，任何一个人的成功都不是偶然的，只有努力坚持才可能成功。

生命中，有多少风雨穿行？总有一种力量，使我们不得不关注这个世界每天发生的一切，并用未曾有过的激情去经受它——不仅是苦难和不幸，也有胜利与欢笑，还有懊悔和眼泪，喜悦和难言。“正因为没有希望，希望才能降临到我们头上。”这是德国思想家本雅明说的。是的，希望就这样降临到了春花的头上，让一个苦难的人成就了她的梦想。而现实的残酷又给她的梦想打上了美中不足的烙印……

作为一个打工的女性，创业时需要注意以下几点：

第一，成功的女人更锦绣。

什么是好女人呢？谜底恐怕是仁者见仁、智者见智。但现代女性崇尚的是自主、自强、自信，除了家庭，还能有自己的事业和梦想。在实现自身价值的过程中不断丰硕自己、完善自己、进步自己，展示现代女性的风貌。很多人在大女人和小女人的思维旋涡里徘徊，做小女人实在就是缺乏自信的逃避，同时也是懒惰的表现。把一切都寄托在男人身上的小女人思维并不鲜见，且不论这种寄托能否如愿，至少这是与时代不协调的传统观念，不能与时代、和男人与时俱进的女人，结果也往往是被淘汰，从而事与愿违。现代女性，不仅能够在职场上挥洒自如，也能够在创业路上展现自己的风貌！

第二，未来不是梦。

我们特地讲这个话题是由于很有代表性。几千年的传统思维导致女性往往自己以为女人的归宿就是相夫教子、照顾家庭。实际上，除了生理上的不同外，男人能做到的事情，女人一样可以做到。恰是由于这个思维的影响，很多女性抛却了自己的梦想，而把男人的梦当作自己的梦，从此无所作为，甘于平凡，做个小妇人。在现代社会，女性在承担传统角色的同时，仍旧能够实现自己的梦想，创出自己的事业，真正顶起半边天。

第三，不断学习是成功的基石。

成功不是天上掉下来的，而是勤奋努力来的。通向成功的道路上学习就是你的路标。不断学习行业相关知识和技能，学习治理的经验，学习与合作方及顾客的沟通交流技能是成功的基础。任何判定或者决定都来自你的知识和经验的积累，假如缺乏这种积累，那么你判定的依据就不足，得出的结论显然无法是准确的。

第四，掌握机遇、当机立断。

有了梦想就要敢于去尝试、去实现。创业是无法事先完全可猜测的复杂过程，即使你再智慧、再有经验也无法事先考虑到所有的可能。不如勇敢地开始步履，在实施过程中逢山开路、遇水架桥。我们讲商机，商机是机会，机会不等人，假如你想把一切都考虑清晰了再步履，那么可以肯定地说，这辈子什么也别指望做了！等你想好了，恐怕黄花菜都凉了！机会已经让别人拿走了，当别人在山上享受成功的快乐时，你还在山脚下发呆呢。

第五，自信是成功的蹊径。

恰是因为创业的艰难才更需要依赖自信鼓舞自己坚持下去。女性相对自信心不足，碰到难题轻易妄自菲薄，好像自己一无是处。其实每个人都有优点，只是缺少发现，别人能做到的，为什么你就做不到呢？而且很多成功女性的前提还不如你。所以不管碰到什么困境，都不要抛却目标，相信自己能够把握自己的命运，坚定信念走下去！

第六，准确地熟悉自己。

女性往往欠缺对自己的准确熟悉，或者以为自己一无是处，或者以为自己是完美无缺，轻易偏执走极端。这对创业而言是不利因素，不能正确地熟悉自己就会导致自己的误判从而增加成功的难题。多和朋友聊聊，听听别人的看法，往往是当局者迷，旁观者清，哪怕一些话很不入耳，都是宝贵的参考意见，值得保藏。了解了自己的长处和缺点，在创业过程中要随时提醒自己，以避免因为自己的缺点而导致的误判，一厢情愿是做不成生意的。凡事不仅要从自己角度考虑，要学会换位思索，也尝试着从顾客角度去想一想，这对于事业的成功有着重要的意义。能让顾客感觉到你的关心和体谅，那么你的生意想做不好都难！

第七，坚持就是胜利。

创业的过程老是和难题和困难相伴随的，碰到困难是不可避免的，枢纽是自己的心态。昨天仍是满怀激情，今天碰到点事就没精打采、意气消沉，这不是准确的创业心态。很多创业经历表明，任何生意从开始的冷冷清清到兴旺需要一段付出努力的过程。在这个过程里，不仅要保持决心信念，更要冷静地分析市场和顾客心理，根据不同的现象去探索解决题目的方法，每解决一个题目，就间隔成功更近了一步，当你能够始终以这种心态面临困难时，成功只是时间题目。另外从客观上看，让顾客熟悉、认识、了解、信任你的店铺也是需要一个过程，假如半途懈怠甚至抛却，那么你前面的工作就是零，犹如烧开水，从结果上看99℃和0℃没有区别，但你必须经历这个过程才能到达100℃，你并不能跨越！

第八，放小求大。

或许是生成而来，女性多数轻易计较小利，缺乏宽阔的襟怀胸襟，有捡芝麻而丢西瓜的嫌疑。做生意要先投资，没有付出就没有收成，眼光需要放长远，追求整体的最大效益而不是某一阶段的利益最大化。为了生意的长期不断增长，有时候必须牺牲暂时的利益。商场如战场，有时候贪图小利却带来更大的损失。

第九，理性思维。

女人看电视常掉眼泪，这说明女性感性思维多于理性思维，一切轻易从自身的好恶出发，不自觉地以自己的感觉代替别人的想法主意。这种思维习惯对创业时间的长短是有害的。尽管掺杂着激情和冲动，但创业是理性的过程，必须以科学的立场思索所碰到的题目，减少情绪的影响。正确地熟悉自己的长处和缺点，确定自己的创业思路和模式。

第十，冒险意识。

创业历程本身不可避免与风险相伴随，女性观念相对谨严守旧，对风险的心理承受能力相对差些，缺乏立异的勇气，更多地选择模仿。看到别人的店铺生意不错，于是就打算自己也开间同样的铺面，事先缺乏对自身性格、兴趣、优点等诸多方面的思索。不可否认，模仿本身能够降低风险，但没有结合自身前提的模仿反而增大了创业的风险。所谓冒险不是蛮干，而是综合自身情况，有勇气去承担创业过程中的不确定因素。碰到合适的项目就应该敢于去尝试，敢于挑战自己，降低风险的途径是事先多了解认识相关行业，提升自身综合素质和技能。通常意义上没有风险的生意是没有的，网络兼职联盟稳赚不赔的生意是可遇不可求的。既然有尝试创业的想法，就应该积极去预备，去思索，一旦考虑成熟就应该勇敢地出击。

贫穷催生梦想，创业实现辉煌

阿义出生在××省山村的一个农民家庭，从呱呱坠地开始，贫穷便和他紧紧相连。这里地处偏远山区，祖祖辈辈靠着仅有的土地刨食度日，生活更是贫上加贫，苦上加苦。家中又添了两个弟妹后，年幼的他开始跟着父母一道上山干农活。起早贪黑，一年到头收得的仅有的一点粮食，却不能让全家人果腹。

阿义8岁时，到了上学的年纪，按家里的情况，他根本上不起学，但没有文化的母亲还是咬牙将他送到了学校，希望他能读书上大学走出这个贫穷的山村。学校离家里十多里地，天不亮阿义就起床，帮着母亲煮好猪食后，带着一个菜团到学校上课，下午放学后，再走十多里山路到地里帮父亲干农活。虽然已是上学的孩子，但从小学到初中，阿义大部分时间都与农活为伴，干活成了他的主业。

刻骨铭心的饥饿、劳累一直伴随着他。可是，生活的艰难并没有压倒全家人，虽然贫穷，母亲却很乐观。有时候，阿义干活累得倒在地上实在不想起来的时候，母亲总是给他唱山歌，给他设想将来。母亲的开朗乐观，深深地感染着他。望着远山，他向母亲许下自己的愿望：他一定要做一个有作为的人，一定要让全家人过上好日子！

改变贫穷的强烈愿望带给阿义无穷的动力。2000年，阿义以优异的成绩考上了县里的重点高中。阿义利用自己所学的知识，每逢假期就到电器维修部去帮忙打工，自己挣得学费，在县城读完了三年高中。2003年他以优异的成绩考取了××大学，读上了自己喜欢的电子工程专业。

从小就劳动的阿义，养成了勤于动手的习惯，对于电子技术的喜欢，又让他有了勤动脑的习惯。在××大学就读的四年时间里，阿义找到了属于自己的天地。这时的他，虽然对自己的人生方向还没有明确的目标，但对电子工程技术的兴趣，已让他隐约看到了梦想的方向。在大学中，他自己捡过废旧零件动手组装自行车，不但自己用还送给别人；同学中谁的随身听、录音机坏了，都是他帮忙修理。2007年，阿义从××大学毕业时，不但成绩优秀，而且也积累了丰富的实践经验。

大学毕业后，按照自己的志趣，阿义想在自己喜欢的电子工程技术领域方面发展，可是，一切却并没有如他所愿，许多用人单位并不接收他。生存的压力迫使阿义不得不做出新的改变，他必须先找到一份工作，再求事业的发展。

2007年5月，×市一个有名的集团公司招聘中层管理干部，在近一千多人的竞争中，阿义凭借自己的认真、严谨、创新赢得了集团中层管理负责人的职位。可是，按部就班的坐办公室的日子，却让阿义感到枯燥和无味，在这里，他的生命完全静止，没有了流动。

失去创造的乐趣，梦想便找不到飞翔的翅膀。2007年8月，阿义辞去了眼前这份优越工作，回到千千万万的打工仔行列。

命运有时会不合时宜地开人生的玩笑。就在阿义辞职后的第二天，一件灾难性的事情降临到他的头上：远在老家的父亲被确诊患了肝癌！当阿义急匆匆赶回老家，在县城医院看到虚弱的父亲时，他什么话也说不出来。因为没钱在医院住院治疗，父亲选择了回家治疗，其实也就等于放弃了。阿义工作以后，曾经每月寄回1000元给父母，父母没舍得花掉，现在就靠着这些钱，父亲还能有份药吃，以维系生命。

在家里住了三天，阿义起程回×市。为了挣钱给父亲治病，高中未毕业的弟弟也跟他一道去×市打工。临走时，阿义将工作不久的一点积蓄，全留给了父母。他不敢告诉父母他已辞了工作，更不敢看母亲焦灼不安的眼神。坐在回×市的火车上，阿义回想起年少的誓言，想到生命的脆弱，不禁默默地流下了眼泪。

眼下最需要的是钱。为了挣钱，阿义降低了找工作的门槛，凡是能马上上班的工作他都一概接受。他找了一份商场营业员工作，又兼职了一份晚间的咖啡厅服务生工作。两份工作干下来，一个月能有2000多元的收入。除留足自己一点生活费用外，他将这些钱全都寄回了老家。

一年过去，父亲的病在药物作用下，没有继续恶化，得到了控制。可让人万万没有想到的是，在×市一家工厂打工的弟弟，患上了和父亲同样的病！阿义根本不敢相信这是发生在自己身上的事情，除了无助，他只有揪心的难受。

弟弟的病，阿义不敢告诉父母，没有钱住院，他只好在×市租了一间像样的房子，让弟弟有个稍好的环境休养。从此，阿义变得沉默了。他明白，自己再怎么努力打工，也永远改变不了家人的命运。

沉浸在无声的悲痛之中，阿义有着强烈的创业冲动。他苦苦思索着创业的方向，寻找创业的目标。他多么希望，某一次灵感和机遇能为自己带来商机。

当初，阿义选择了在超市商场做营业员的工作，是想等机会成熟时，再作另外的打算。现在，责任的压力逼得他连选择机会也没有。在商场，他在小家电产品柜负责促销导购工作，时间一长，渐渐喜欢上了这份工作。因为对电器产品感兴趣，在为顾客介绍产品时，他总是显得很专业，讲解得很有耐心，这样一来，他的销售额直线上升。更重要的是，他在这里获得了创造的乐趣。每当有新产品时，他都要对它们的功能进行研究，从产品的功能和构造，到产品的技术和成本，他都会搞个一清二楚。除此之外，他还会在现有产品的基础上发现它们功能的不足，然后再根据自己的创意在脑中将它们完善。两年的时间过去了，阿义在商场养成了这样一个习惯：看见一件东西就想去改变它、创造它。

2009年6月的一天，一件小事的发生，让阿义的命运再一次有了改变。

这天下午近下班时，有一位老大娘前来购买用于清新空气的杀菌机器。阿义向她推荐时下正热销的臭氧消毒机。可是，顾客却还想要具有过滤空气清除颗粒灰尘的功能。阿义向她推荐了单独的空气净化器，可是老人又嫌多买一个机器回家占地方，而且价格也贵。最后顾客什么也没有买，遗憾而去。顾客走了，阿义却动起了脑子，商场现有的一些空气净化器跟空气消毒机，都只是单一性的产品，没有综合功能，如果将多种功能集中在一起，这样既能避免顾客买了多种机器在家摆放占地的不便，还能降低成本，让顾客受益。这个想法让阿义看到了创业的曙光，于是，他开始查找资料，实施这个创意。

人的一生有2/3的时间是在室内度过，而其中大部分时间又是在家中度过。由于室内环境各个因素均会作用于人体，随着住宅不断向空中发展，高层建筑越来越多，人们也越来越开始重视住宅室内卫生。为此，专家们从日照、采光、室内净高、微小气候及空气清新度等五个方面对现代住宅提出卫生标准，因此，家用环保类小家电存在一个广阔的市场。

当今，国内外空气净化普遍采用HEPA过滤技术、负氧离子、臭氧技术，经过30多年的应用，技术已十分成熟。阿义将这三种技术集中在一起，设计出具有多重功能的空气清新机。高效HEPA过滤网，可过滤空气中99.9%以上的尘埃微粒、花粉、细微毛发、螨虫尸体、烟雾等；采用活性炭，具有强大的吸附作用和脱臭功能；每秒钟散发150万个负氧离子可增强心肺功能、提高人体免疫力；经过空气干燥后的臭氧，纯度更高，杀菌能力更强。如果每天使用空气清新机三小时以上，对流行性感冒、肺炎、鼻炎、哮喘等有一定的预防作用。

产品技术完善后，阿义设计出了具有人性化、独特外观的样机。带着样机，阿义找到×市好几个生产小家电的厂家，希望得到认同与之合作。一连好几天，当初感兴趣的厂家都没有与他联系，阿义的心揪得紧紧的。担心的一幕在一周后终于出现，几个厂家都回了话给他：你要是有兴趣，可以付款我们替你生产，但要双方合作，我们不愿意担风险。

阿义只好再想办法，找遍了朋友，再将所有与他有过交往的商人在脑中过滤，最后一个与他有过一面之缘的香港商人跳了出来。还是在集团公司做中层管理的时候，这位姓林的香港客商来参加台商展销会时生了病，阿义组织人员为他帮忙布展。事后，林先生很感动，留下了一张名片给他。虽然已事隔多年，但是阿义还是决定试一试。

好运在山穷水尽时开始降临。真是无巧不成书！林先生这时刚好在×市成立了分公司，投资贸易业务。

与林先生见面后，阿义讲明了自己的处境，并将父亲跟弟弟同时得了绝症的消息告诉了他，真诚希望林先生能帮助他。林先生虽然感动于阿义的一片赤诚，但在商言商，他提出要产品有市场反馈时才能投资。这无疑又给阿义出了难题，产品未生产出来，怎么能看到反馈？情急之中，阿义猛然想到互联网，他提议，先将产品放到林先生的贸易网站上去投石问路。

一个星期后，产品在网上有了反馈，香港的几家公司和欧盟国家的一些公司都发来了邮件询问，美国一家公司还发来一封邮件，希望订购500台这样的机器。虽然只是一笔意向性的业务订单，却带来了林先生跟阿义的合作。接下来，产品在通过中国疾病预防控制中心和地方卫生防疫站的检测和认证后，终于开始了生产。

美国500台订单成了他们的第一笔业务，就是这一笔业务，赚得了人民币100多万元。有了良好的开端，林先生也信守承诺，与阿义签订了合作协议。阿义以技术折价100万元占有公司的股份。

签完协议的当天，阿义独自在新的办公室坐了一夜。负重多年的他在此时终于有了一丝宽慰。

20世纪90年代初期，空气清新机在欧盟、美国等发达国家已形成了周期性的消费，市场已非常成熟。互联网带来的商机跟信息，加上林先生多年的贸易经验，使得产品销售渐渐看好。

在空气清新机的基本机型上，阿义又研发出了超声波加湿机系列、臭氧杀菌加湿机系列。后来，阿义又针对“非典”及一些流行疾病，在HEPA过滤技术的基础上，研发出了具有熏香机电热效果的中草药杀菌网。独特的植物花香可消除疲劳、松弛神经；在清新空气的同时，还有着独特药疗保健作用。新产品在一家杂志跟互联网上一亮相，即受到了外国客商的青睐。

2010年7月，空气清新机系列产品已获得了认证。公司在发展贸易业务的同时，将目光转向了国内市场，并已面向全国招收代理商。

点评与建议

阿义的故事告诉我们，不怕没有钱，就怕想不到，如果像阿义一样抢先一步，就会赢利一步。眼下，绿色消费、健康消费已成为人们生活的主题，拥有一个清新自然的生活空间是民生所需。阿义空气清新机作为环保类小家电产品，将会以合理的价格赢得一个巨大的市场空间。

贫穷小伙创造的财富人生

如果说机遇是留给有准备的人，那么艰苦创业则是留给那些想更加成功的人。这里为你讲述的，是一个农村小伙是如何一步步走上致富道路的。

建华皮肤黝黑、敦厚朴实，是L县山沟沟里土生土长的农民。14岁的他只身到深圳去“淘金”，洗车、修车、当“棒棒”……肯吃苦的他，什么体力活都干，可经过十多年的努力，非但没挣到创业的“第一桶金”，却因口角与工友打架获三年徒刑。

面对逆境，一向要强的建华选择了静下心来“充电”。在服刑期间，他认真阅读种植养殖类的书籍，并开始做起了种蘑菇致富的“创业梦”。

2008年，建华因表现良好，提前释放出狱，回到了老家。在他坐牢期间，家里失去了“顶梁柱”，一贫如洗。回到家里，面对一家老小期待的目光，两手空空的他一咬牙，一头扎进了一个煤矿，当了两年的井下采煤工。

漆黑的矿井，漫长的铁轨，超强度的体力活没有淹没建华的创业梦，稍有空闲，他就在工棚里看种植类书籍，成了数百名矿工争相取笑的“读书人”。通过学习，建华认为，平菇种植这个项目很适合自己，稻草、玉米粉、木料粉末这些种菇原料可以就地取材，投资也不大。从矿井回来后，建华开始实施自己的创业计划。

建华在刚办种菇场时，通过亲朋好友筹集到了几千元钱，可是购买菌种等原材料的“缺口”还有1万余元，而他又没有申请贷款的资格证，贷不到资金，陷入“无米下锅”困境的种菇场迟迟无法启动。

建华抱着试一试的心态到乡党委政府求助。乡政府决定要千方百计地帮扶他一把。新上任的乡长获悉后，立即找到当地信用社协调贷款，及时化解了建华的燃眉之急。

建华看中了本村废弃的一块“风水宝地”，这里不但建筑完好，面积大，而且附近又无人居住，隔菌消毒极为方便，但是不通电、不通水。乡、村干部马上与相关部门联系，迅速解决了种菇场的用地和用电问题，并联系一支专业打井队为种菇场打了一口深水井。

建华的事业刚起步，就和来他这里做工的村民谈妥每月900元的工钱，先赊着，年底结账。都是本乡本土的，村里人看着建华从小长大的，对人又好，都指望着他带领乡亲们一块儿种菇致富。住在城里的姑姑也很支持建华，经常请技术员来指导他。

由于建华认真学习，仔细领会，所以技术越来越过硬，人缘又好，因此平菇生意做得红红火火。

建华成为L县桥南农贸市场最大的灰平菇供应商，每天有好几个批发商都催他供货。初战告捷，这更加坚定了他的信心。

走上了致富路的建华没有忘记乡亲们的帮助。随着生产规模的不断扩大，附近的乡亲来学技术，建华都给免费，愿意来加盟的，也不收一文钱。

有个58岁的村民在他那里学得种蘑菇技术后，想着自己也能当“老板”，禁不住眉开眼笑，逢人便说建华真是做了件大好事！

建华打算进一步扩大菇房，并带动周边村民一起来种平菇。邻村的许多人都隔三岔五就会来建华的种菇场接受免费培训。

建华已经和外省的几个朋友注册了一家平菇专业销售公司，准备进军香港市场，届时需要大量的优质鲜平菇，他想做这个“总代理”。他1000多平方米的菇房里，密密麻麻的菌包上伸出无数把“小伞”。很快，建华将投资15万元，新上马金针菇种植项目。“明年，这里的养菇房都要安上空调！”一直为产量发愁的建华看着自己的“创业园”，露出了欣慰的笑容。

点评与建议

农村小伙从一贫如洗到现在带领全村人致富，这中间的转变是大家看在眼里的。其实，贫穷并不可怕，可怕的是不敢摆脱现实的困扰。

一个贫苦农民创业的故事

周剑是××省农村人，由于家境贫寒，一心想上学的周剑1994年从舅舅家借了800元钱，然后又向邻居借了1000元钱，在家乡当地的一个职业学校学习，选择的职业是机电专业。

周剑在学校勤俭节约，每星期15元的生活费，除去最基本的生活开支外还要购买学习用品。生活的艰辛，让周剑认识到学习的来之不易，因此他努力刻苦学习，别人放学回宿舍休息，他在教室里看书，别人晚上休息，他在教室里写作业。每天早晨他是最早起床到教室学习的人。学校发的电工基础教材和电子线路书，老师还没有开始讲课，他就已经把整册内容用心阅读了好几遍。通过自己的努力，在整个班级里面他的学习成绩比较突出，同学们选他为学习委员，老师也经常教导同学们向他学习。

但是，这样的学习时间并不长，到了第二年报名上学的时候，由于家中没有能力拿出学费，他也没能再向邻居借到钱。周剑只得辍学，在家务农。

周剑的家乡红砖窑厂很多，周剑平时没有事情的时候就到窑厂干活挣钱，年底的时候将在窑厂干活的钱存了下来。第二年，周剑在收音机上听到郑州有技术培训学校，他就一个人亲自到郑州找到了那所学校，将自己在窑厂挣的钱缴了学费，学习的专业是家电维修。同样，在学校期间，他刻苦学习。

四个月的时间很快过去了，周剑回到了自己的家乡，在当地找到一家家电维修店进行实习。由于他学的理论比较扎实，在实习期间店老板看周剑很用心，因此对他特殊照顾，晚上比较用心地教他学习各种家用电器维修的实际操作技术。半年过去了，周剑基本掌握了各种家用电器的维修技术。

一个偶然的机会，周剑看到TCL电器合肥分公司招聘技术服务人员，就去应聘报了名，没想到80个报名选手中，周剑以优异的成绩率先进入TCL。自此，一个普普通通的农民，就这样被TCL大公司录用了。第一个月周剑就拿到了600元的工资，这是他第一次拿到这么多的工资，心里非常的高兴。工作三个月他拿到1800元的工资。

过春节时周剑回到了自己的家乡，将以前借舅舅和邻居的钱一下都还清了。爸爸妈妈都非常的高兴，说“儿子有出息啦！”借的钱现在还上了，又得到爸妈的夸奖，周剑感觉身上压力一下子轻了许多，他哭了，从来都没有哭过的周剑，第一次站在爸妈面前流下了热泪，心底多年的愿望，终于实现了！

从1999年加入TCL一直到2008年辞职，周剑整整工作了10年，在这10年的工作中，周剑干过维修员、业务员、促销员、业务培训老师、市场主管、片区业务主管、售后服务主管等工作。

在TCL周剑认识了一个女孩，他们结了婚，成了家，有了一个活泼可爱的宝宝，他们又买了房子，买了车。周剑感觉自己现在很幸福。然而，每当周剑回到自己的老家，去看望爸爸妈妈的时候，看到自己的家乡还是那样，还是与十年前差不多，没有什么变化，他感到很心酸，很伤心。

周剑要回到家乡建设自己的家园，将自己这些年学到的知识用到新农村建设上来，为家乡的父老乡亲过上幸福生活奉献一份力量！2008年3月，周剑辞去了他整整干了10年的TCL工作，回到了自己的家乡。

回家之后，周剑将自己的电脑也搬回了老家。装电话，接宽带，白天在村里进行调研，晚上就趴在电脑前查农业信息，看农业政策，找农业项目，在上千万个农业项目中像是大海捞针一样，一个个地查，一个个地看。看到好的项目再进行分析、了解、调查和咨询。整整花了三个月的时间，周剑选择了肉牛养殖项目。

通过上网查询、咨询当地畜牧局、咨询养牛专业户，周剑了解到，养牛是个非常好的农村致富项目。由于肉牛是单胎动物，繁育周期长，投资又大，农户又都纷纷外出打工，养牛的很少，因此全国牛源非常紧缺，牛肉价格每年都在持续上涨。因为牛是食草动物，主要的饲料来源是农作物秸秆，用农村大量的农作物秸秆进行养牛，不但可以缓解人畜争粮的不利因素，而且还解决了农村大量秸秆的污染问题。加上中央到地方都非常重视秸秆污染问题，从这几年在农村粮食收获季节都有关于“禁止焚烧秸秆和秸秆综合利用”等相关文件的出台，都给肉牛养殖行业带来新的契机。至于养禽业和养猪业，周剑也经常听到和看到禽流感、猪流感等传染病大面积出现，这给整个养殖业带来沉重的打击。但是牛属于大牲畜动物，又因为牛的饲料主要是吃草，因此牛的疾病相对于鸡和猪而言就少得多。经过分析，周剑认为选择养牛是农村致富的好项目。就这样，他决心将养牛作为自己在农村创业的基础。

周剑与自己的叔叔、哥哥合伙建设了一个小型肉牛养殖场，投资38万元，从东北引进西门塔尔牛进行育肥。刚开始不懂技术，不懂管理，周剑就向专家咨询，向养牛户学习，看书本学习，上电脑查资料。慢慢的，周剑知道了怎样识别好牛，怎样观察牛的健康状况，怎样给牛治病，怎样进行饲料调配等技术知识。从什么都不懂到成为专家，周剑付出了不懈的努力。

但是没有想到的是，2008年突然而来的金融危机，给周剑的肉牛养殖致富梦带来了沉重的打击。由于受2007年肉牛价格持续上涨的影响，养牛养殖专家判断到2008年低育肥牛价格一定还会上涨，因此全国各地掀起了养牛热潮，纷纷抢购犊牛，回家进行养殖，每斤肉牛从原来的4.5元一下子上涨到了每斤10元，以至于出现了犊牛荒。而突如其来的金融危机给整个世界经济带来沉重的打击，肉牛养殖行业也不例外，2008年下半年牛皮不能出口，造成活牛价格持续下跌，这给整个肉牛养殖户以沉重的打击，90%的养殖户出现了严重亏损，致使2009年许多肉牛养殖户退出肉牛养殖业。周剑的哥哥和叔叔也因2008年亏损撤股了，发誓再不养牛。

周剑坚信，任何一个行业都是有规律的，只要抓住它的规律，干事情一定会成功。他坚持了下来。他们都撤股，周剑就自己养，不管怎样，既然干这一行就不能怕苦怕累。

2009年6月，周剑又从外地购买了15头犊牛进行实验性饲喂，所有的养牛过程全部他一个人操作，没有让任何人参与。由于受2008年的影响许多肉牛养殖户都退出这个行业，犊牛的价格也就自然地掉了下来。随着金融危机慢慢过去，肉牛价格也在慢慢回升。从2009年6月到2009年12月，周剑喂了六个多月，到育肥牛出栏时，每头牛利润平均是1260元，15头牛总利润是1.89万元。

周剑知道，要想养好牛，在养牛行业要创造更大的利润，必须要采用循环经济，用科学的方法以及生态养殖这一理念进行养牛。

通过这次养牛的经历，周剑发现，不管任何行业，农民生产是最薄弱的环节，利润也是最小的，所以千方百计想办法降低生产成本，提高生产效率是获得利润的最佳方法。在肉牛生产中降低生产成本主要可以从购买牛、购料、生产管理、减少疾病这几个环节入手，但是有些环节要靠单打独斗的养殖户去操作肯定行不通。怎么办呢？周剑认为，肉牛养殖户要想降低生产成本，提高生产效率，得到更多的利润，只有走联合的道路，在区域范围内联合成立养牛专业合作组织，才能形成规模，有了规模，才能与企业接轨，才能与企业进行合理的统购统销谈判，只有统购才能降低购买成本，只有统销才能提高销售价格，这样养牛户才能得到更多的利润，并且也有政策的支持。

在这样的背景下，2009年3月，周剑与几个养牛户协商成立了养牛专业合作社。由于金融危机影响还没有过去，加上前一年养牛户严重亏损，再组织农民出资入股发展养牛难度可想而知，许多肉牛养殖户都纷纷退出养牛行业，所以成立半年多后，合作社发展仍然很慢，社员只有30多户，肉牛存栏量也只有300多头，离省农民专业合作社示范社1000头的标准还有很远。但是周剑从这段时间从事农民专业合作社运作中发现，不光是这里的养牛合作社难组织，由于受农村环境、特殊地位、农民文化素质、农民意识和资金等影响，其他行业的农民专业合作社同样存在组织难的问题。

周剑在与当地农民专业合作社理事长的交谈中了解到，融资难是农民专业合作社发展慢的主要原因。由于受农村农民思想意识形态的影响，农民在没有得到切实利益的情况下，农民专业合作社在初期阶段向社员融资肯定行不通。农民专业合作社在没有资金的支持下，靠理事成员出资或者靠理事长自己垫资发展农业生产也行不通。怎么办？目前阶段还必须有政府出面支持农民专业合作社的发展。但是，国家对农民专业合作社的政策支持是有条件的，必须是规模大、有影响力的农民专业合作社才能拿到政策。然而真正新成立的农民专业合作社都是农民创办，资金缺乏不可能有太大的规模，真正是非常大规模的农民专业合作社要么干了很长一段时间，要么就是涉农企业集团转变而来的农民专业合作社，这些合作社规模比较大，因资金雄厚往往与政府部门比较熟悉，在评比县、市、省农民专业合作社示范社的时候很容易就能得到认可。而真正农民自己创办的农民专业合作社由于规模小，组织力弱，很难被政府有关部门认可，评定示范社难度之大可想而知。不能被省级评定为农民专业合作社就拿不到政策资金的支持，拿不到资金支持的农民专业合作社，同样是不能得到发展的，农民还是农民。

2009年9月15日，周剑联系了当地五家运作比较好的农民专业合作社，发起筹备“农民专业合作社联合会”。经过三个月的辛勤筹备，周剑又联系了30家运作比较好的农民专业合作社，经过区农委批准，民政局注册登记，2010年2月8号正式登记注册，成立××市××区农民专业合作社联合会，3月13日召开了成立庆祝大会，至此，本地区的合作社“有了自己的娘家”。

合作社联合会成立后，主要工作就是培训合作社理事长的管理水平。由于联合会是刚刚成立，条件受限，因此周剑他们只能与学校合作开展培训。周剑本人组织培训三期，与合作社合作组织培训四期。在这期间，联合会也对每个合作社进行一对一的调研和指导，如什么是农民专业合作社，国家为什么要大力发展农民专业合作社，理事长怎样才能更好地组织农民发展合作社，农民专业合作社怎样才能健康发展，合作社信息化服务培训，等等。

点评与建议

知识是通过艰苦不懈的学习进行积累的。周剑的这种学习精神，对于提高自己的整体素质，对于合作社联合会的发展壮大，显然是不可或缺的！

草根翻身靠梦想

42岁的程良出生在豫中一个偏僻乡村。出生时家境已经很差，粮不够吃，所以，老爹给他取名叫程粮。程良这个名字是他在师范上学时改的。

程良7岁去学校报名的时候，姐姐反复告诉他：老师问你是什么成分，千万不要说是中农，要说是贫农。小程良不明白中农和贫农的区别，但他知道，小朋友们和自己一样，都是过年才有新衣服穿。那时候的冬天真冷，差不多每一个小朋友脸上都挂着两条鼻涕，在鼻子下面像两条进进出出的小虫子。鼻涕永远擦不干净，有时候小程良会想：鼻涕到底有多少呢？能不能揪着尾巴把它们全拽出来呢？

程良17岁上了初三，应该9年学完的课，程良用了整整十年。其实那时候大家都一样，用10年或是更长的时间读完小学和初中，然后去考中专，希望从此吃上国家的“商品粮”。那时候高中不吃香，不但要等上三年才能考大学，而且能否考上还存在更多的不确定，在农村，人们喜欢离自己最近的富贵。程良还算是幸运，那一年他考上了县里的师范学校，跳出了农门。不过，家里正因母亲的病陷入穷困，程良就到村里的窑场做了一个暑假的苦工，挣了26元，父亲又借了一些，还有两个姐姐的支援，才凑够了110元学费。那时候中国还只有10亿多一点的人口，程良家的生活情况，他琢磨着最多能排在9亿那个地方，在人生的山脚处。

程良师范毕业分到老家教了三年书，后来因为写作方面的特长，调到乡政府当通讯员。毕业后第五年到县城的电视台应聘成了记者，碰到了他人生中最大的贵人。

1996年，程良参加工作七年了，那时候生活已经有了相当大的改善，有了舒服、荣耀的感觉。程良又在心里排自己的位置，觉得自己应该排到5亿人之内了吧。

2000年，程良怀着强烈的脱贫致富梦想，进入股市。2001年，与别人合伙做生意，成立了一家小公司。当然，这都是他的第二职业，贫穷的程良，没有勇气也没有底气放弃那时的工作。因为不是全身心投入，生意时好时坏，不过，成绩还算可以，挣到了人生中的第一个100万，而且，工作上也几乎没有受到什么影响。

过了不惑之年的程良，再次排列自己在全中国人民中的位次。他欣慰地发现，无论是按职务高低还是个人财富资产的多少，他都觉得应该是排在了1亿人之内。当然，由于没有精准的数据，他觉得自己这种估计很不科学。但是，如果用自己所在县城数据来排序的话，他惊讶于自己现在所处的位置。论职务，在全区32万人中排到了400名之内。在资产上，程良毕业时每月工资100元，现在每月也只有1500元，尽管工资每年都在增长，但20年的工资总额大约也就是16万元。连同他妻子的那份，最多也超不过30万元，然而，他却靠自己的努力积累了百万资产。尽管这些资产在有钱人眼里不算什么，但他觉得，自己从穷苦的农村出来，白手起家创业，清清白白地靠自己的努力挣钱，完成了一个穷人艰难的翻身，是非常成功的。

按程良的条件，原本就是在山脚下的，现在，他很高兴自己能同开始就在山腰的人一样，或是比他们提前享受了山上的风景。他对自己向来要求不高，他觉得，作为一个男人，只要能够养家糊口，做到一个人的收入，够一家人用就行了。现在，他靠自己的努力，居然做到了。17年的奋斗，让他拥有了“一亿人之下，十亿人之上”的感觉。不管这样的结论是否准确，程良喜欢用这样的成绩鼓励自己、评价自己，这样的结果，他很满足。

程良曾想把自己走过的路写下来，然而，一次又一次停笔。他原本对自己所谓的成功感觉心虚，感觉孤芳自赏。现在社会上到处充斥着年薪10万、100万的消息，自己那点可怜的成就，实在会让别人不耻。有一次，程良偶然遇到了刚毕业当老师时教过的一个学生，连高中都没有进过的他，如今创办的企业资产已超过8000万元。程良觉得，许多比自己成功的人，他们的起点原本就高，自己是没有办法同他们相比的，而他的那个学生，应该算是青出于蓝而胜于蓝的杰出代表，而自己是中国并不发达的中部最标本式的穷人！他想，对于那些处在人生“洼地”，一无金钱二无职位的穷人，对于那些梦想早日出人头地的年轻人，自己这个穷人翻身的经历和感受，对他们的人生应该有所启示。

点评与建议

梦是心的写照。有人说，穷人最缺乏的是成为富人的野心，在程良看来，穷人最缺乏的是成为富人的行动。他自己是穷人，但他从不缺乏向高处走的梦想，但是他也知道，通向高处的穷人翻身的路，充满了各种各样的迷惘。

草根创业启示录

资本越小，风险越大，当手里只有一个鸡蛋的时候，哪怕轻轻一碰，都可能全部玩儿完，这就是穷人的软肋。无数草根的创业历程给了我们很多启示，认真领会这些启示，相信可以保你创业无虞。

第一，关于穷人的出路。

穷人之所以穷，很多时候不是因为没有梦想，而是没有把梦想变成现实。

毛主席早就说过，要想知道梨子的滋味，就要亲口去尝一尝。这其实是再简单不过的道理，不行动永远不会有结果。经验总是在实践中积累的，不亲自去干，永远都不知道究竟是怎么回事。

很多人想创业，却总是怕失败，总想等到“条件成熟”。其实，条件并不是等成熟的，而是逐渐干成熟的，在干的过程中完善，让不成熟的东西逐渐成熟。

照理说，穷人一无所有，应该无所畏惧，勇往直前。但事实上，穷人手里只有一个鸡蛋，这一个鸡蛋就是他的全部希望。他没法分别放在几个篮子里，只能小心翼翼地攥着，生怕落到地上，他必须为这一个鸡蛋负责。

穷人往往是胆小谨慎的，这就像一个怪圈，越穷越怕，越怕越穷，直到连最后那个鸡蛋都打烂了，他才敢迈出一步，尝试去过新的生活。而这时，很多机会已经被先行的人占去了，他自己的功能也在长久的等待中萎缩。如此一来，要想在竞争激烈的社会中占有一席之地，谈何容易！

既然一个鸡蛋是靠不住的，还靠着它干什么！所以，出路在行动，晚动不如早动。

有一个故事，说的是一个穷人，老婆有一天买回来一个鸡蛋，穷人说，如果用这个鸡蛋孵出一只鸡，鸡再生蛋，蛋再生鸡，再用一群鸡去换一只羊，大羊生小羊，羊再换牛，大牛生小牛，卖了牛买田盖房，再娶一个小老婆……听得入神的老婆勃然大怒，操起鸡蛋往地下一摔，“啪”的一声，穷人的美梦顿时稀烂。

这是一个经典的穷人寓言。那个穷人可能一辈子都会耿耿于怀，后悔暴露了内心的歪思想，让那点儿宝贵的资本毁于一旦。然而他实在是忍不住了！

当年马丁·路德·金的一句“我有一个梦想”，不知震撼了多少人的心。穷人也是人啊，富人所有的一切欲望，穷人也是有的。食色，性也，穷人凭什么不想娶一个小老婆？只是鸡蛋还没有变成鸡，连鸡蛋本身也还在老婆手里攥着，就有了如此“辉煌”的梦想，合不合适，着实值得商榷。

不能说穷人的前途没有光明，只是道路更加曲折一些。从理论上讲，一旦找到赚钱的模式，资本以几何级数增长，这也不是不可能的。很多财富英雄，如比尔·盖茨，最初的原始资本也和一个鸡蛋差不多。但是世界上穷人无数，鸡蛋无数，比尔·盖茨却只有一个，下一个会不会是你呢？

穷人的起点太低，就算搭上了快车，快得不能再快，资本的增长也像是滚雪球。当雪球还小的时候，哪怕滚得发疯，比起那些缓缓增长的大雪球，小雪球的发展壮大也是可怜的。就因为基数太小，增长有限，同样是滚动发展，此增加一倍与彼增加一倍，其结果有着天壤之别。何况天气一变，首先融化的必定是小雪球。穷人的雪球能不能滚大，还是一个未知数。

穷人总是从做小生意开始，要把小生意变成大生意，就像把一个鸡蛋变成一群牛。这中间有太多的因素，也有太多的环节，如果没有把整个过程走完，就没有摸到财富的脾气，即使有十个鸡蛋，也是消受不了的。

第二，关于穷人的观念。

谁还在为食物操心，谁就是穷人。这就是说，生活对富人来说才是生活，对穷人来说只是生存。

在物质普遍比较丰富的背景下，穷人和富人的概念已经不是“朱门酒肉臭，路有冻死骨”的区别了。很多时候，根本不能从外表上判断出谁是穷人，谁是富人。比尔·盖茨常常穿便装，城市里的打工仔倒是天天西装革履。因此，穷人和富人的概念需要重新界定，并非生活在温饱线下的人才叫穷人。

穷和富是相对的，很多时候是一种感觉。收入越高的人越觉得自己穷，这并不是荒诞，收入高往往支出也高，反倒入不敷出了；收入高的人常常自视也高，总觉得身价还没抬够，还可以更高，当然他要叫穷，甚至认为自己的生活与小康标准还有很远的距离。

区分穷人和富人有一个最简单的参照物，这就是“物质”，包括食物、金钱、地位等。现代人不完全以物质标准去评判一个人的价值，而且人的生活方式丰富多彩，并非富人就是快乐的，穷人就是痛苦的。事实上，人生的幸福很多时候与穷富无关。

多穷才是穷人？多富才是富人？有没有一个具体的量化标准？谁都可以问问自己：“我为什么是穷人？”

第三，关于穷人的激情。

大部分的穷人不能说没有激情，但是他的激情总是消耗在太具体的事情上。如果一个人很穷，而又成天无精打采，心神恍惚，尽管并没有受到重大打击，但就是不能进入状态，身边的人难得看到他眉飞色舞的样子，更别指望他能感染旁人。他总是按部就班，很难出大错，也绝不会做到最好。这样的人，你能想象他能冒风险、顶压力、克服种种困难，领导一个团队创业成功吗？可以说，缺乏激情的人，他的生活不景气是命中注定的。

所谓穷人的激情消耗在太具体的事情上，指的是上司表扬了，他会激动；商店打折了，他会激动；电视剧里破镜重圆了，他的眼泪一串一串往下流。你能说他没有激情吗？其实，他有的只是一种情绪，而不是一种对生命的认识。

穷人总是渴望发大财，而没有激情的人，永远不会有真正的行动。

“燕雀安知鸿鹄之志”，“王侯将相，宁有种乎？”若能有这样的激情，穷人终将不是穷人！

第四，关于穷人的圈子。

穷人大多生活在穷人中间，久而久之，心态成了穷人的心态，思维成了穷人的思维，做出来的事也是依据穷人的模式。

“圈子”的魔力是巨大的，而且是潜移默化的。如果一个人的身边都是穷人，每天谈论着打折商品，交流着节约技巧，虽然有利于训练生存能力，但他的眼界也就渐渐囿于这样的琐事，而将雄心壮志消磨掉了。

穷人既羡慕富人，又对富人有一种天然的抵触，他们生活在穷人中间，很难对富人有一种理性的认识，更难有一种平和的心态去学习富人的绝招。

一个生活在穷人堆中的穷人，要想跃上富人的台阶，很多时候必须和自己这个阶层说“拜拜”！

第五，关于穷人的缺点。

穷人的弱点让人同情，富人的弱点却让人景仰。

穷人喜欢用自己的缺点去比别人的优点：“我没有别人漂亮”，“我没有一个好爸爸”，“我家住在黄土高坡”……富人则不一样，因为富就有了自信，不怕承认弱点，看到的是自己与别人的不同。

穷人承认自己的弱点，是为了给穷找到一个开脱的理由。富人承认自己的弱点，则是为了显示强大的力量，证明自己是如何战胜弱点，走到今天这个位置的。

穷人和富人哪怕缺点一模一样的，观众的反应也会截然不同。富人秃顶，是智慧的闪光，聪明的脑袋不长草；穷人脱发，就是营养不良，就是早衰，就是癞子脑壳一个。

就因为穷人是穷人，富人是富人。

第六，关于穷人的自信。

李嘉诚十分富有，但是他身上穿的永远是一件传统的西服，手上戴的是一块廉价表，据媒体报道他的表价值26美元。他甚至为这块手表自豪，他说，如今花在自己身上的钱比年轻时候少多了。

为什么年轻的时候花钱更多呢？因为那时候还穷。

富人到了一定程度，就不再需要为自己脸上贴金了，反而需要糊泥，让自己的光芒不要太伤别人的眼睛。“人怕出名猪怕壮”，富人担心的是嫉妒，而不是鄙夷。穷人正好相反，他需要别人的尊重，他其实是不自信的。就像一个老女人，拼命往脸上打粉，宁肯把拉链胀爆，也要套上流行的紧身衣。女人装嫩，正好说明她内心恐惧，害怕一旦皱纹暴露，马上就没人要了。

李嘉诚在谈到他的经营秘诀时说：“其实也没什么特别的，好景时，决不过分乐观；不好景时，也不过度悲观。在衰退期间，大量投资。我们主要的衡量标准是，从长远角度看该项资产是否有赢利潜力，而不是该项资产当时是否便宜，或者是否有人对它感兴趣。”不过分悲观，也不过分乐观，从长远角度去投资，这是一种人人都能明白的投资理念，可惜能做到的人很少。

越穷越是没有自信，越没有自信就越是人云亦云，不是上当，就是瞎忙，最终还是难有收获。

第七，关于穷人的节俭。

穷人的节俭不是一种认识，而是迫不得已，他们骨子里其实也想奢侈，但条件有限，就算把所有能用的都用了，甚至把不能用的也用了，在别人眼里还是节俭。穷人的奢侈只能放在一些特殊日子，把平时从牙缝里抠出来的钱集中起来，痛快一掷。

穷人其实是喜欢摆阔的，因为奢侈是一种可以炫耀的事。对穷人来说，奢侈绝对是种光荣，如果逢年过节不能大碗大碗把剩菜倒掉，那才是种遗憾呢。

穷人为了给自己迫不得已的节俭找到根据，就对富人的节俭大加崇敬，他们会说："看，那个大老板在小店吃了一碗面；那个国际大公司打印纸都要双面用……"于是富人的形象更加光辉，他的节俭反而带来美誉度，成为进一步剥削穷人的台阶。然而，同样的做法如果发生在穷人身上，可能就会被别的穷人所鄙视。

穷人是需要为自己贴金的。如果他感到自己穷，增强自信的最好办法就是让自己看上去很富。

第八，关于穷人的时间。

时间也是一种资源，对任何人来说，时间都是有限的，是比金钱还要宝贵的资源。

富人们总是根据自己的需要，制造着时尚和观念。富人的玩也是一种工作方式，是有目的的，这和百无聊赖混时间完全是两种状态。

穷人是时尚的追随者，当一种风气大行其道之时，就是富人的钱包开始收获之日。

时间和金钱是两种可以相互转化的资源，钱和时间成反比。从一个地方到另一个地方，要节约钱只能选择公共汽车甚至走路，要节约时间就必须付数倍于公共汽车票价的钱去打的。一个享受充裕时间的人不可能挣大钱，一个腰缠万贯的人也不会视时间如粪土。

时间的含金量对每一个人是不同的，像比尔·盖茨之类的世界级富豪，日进千万美金，每秒钟都有成千上万的钞票往账户上滚，所以就是穷国的总统想见他一次，恐怕都要预约。

只有穷人的时间是不值钱的，有时甚至多余，不知道怎么打发，怎么混起来才不烦。穷人并不感觉时间就是金钱，因为并没有什么重要的生意，钱和时间并不直接相等。他如果遇上塞车，他抱怨，也仅仅是因为等得太久，影响了心情而已。

只有能带来新价值的价值才是资本，而价值的高低是与稀缺程度有关的。对于穷人来说，稀缺的是钱，而不是时间！

如果你可以因为买一斤白菜多花了一毛钱而气恼不已，却不为虚度一天而心痛，这就是典型的穷人思维。

富人的闲是闲在身体，修身养性，以利再战，他的脑袋一刻也没有闲着；穷人的闲却是闲在思想，也许他手脚都在忙，但脑中空空，到头来什么也没有得到。

如果你总是感觉时间太多，那一定就有问题！

第九、关于穷人的习惯。

很多穷人都有过梦想，甚至有过机遇，有过行动，但要坚持到底却很难。正所谓“性格形成习惯，习惯决定成败”。

有个故事，说一个人很穷，一个富人见他可怜，就起了善心，想帮他致富。富人送给他一头牛，叮嘱他好好开荒，等春天来了撒上种子，秋天就可以远离那个穷字了。

穷人满怀希望开始奋斗。可是没过几天，牛要吃草，人要吃饭，日子比过去还难。穷人就想，不如把牛卖了，买几只羊，先杀一只吃，剩下的还可以生小羊，长大了拿去卖，可以赚更多的钱。

穷人的计划如愿以偿，但是在吃了一只羊之后，小羊迟迟没有生下来。穷人的日子又艰难了，忍不住又吃了一只。穷人想，这样下去不得了，不如把羊卖了，买成鸡，鸡生蛋的速度要快一些，鸡蛋立刻可以赚钱，日子立刻可以好转。

穷人的计划又如愿以偿了，但是日子并没有改变，依旧艰难，他总忍不住杀鸡来吃，终于杀到只剩一只鸡时，穷人的理想彻底崩溃。

他想，致富是无望了，还不如把鸡卖了，打一壶酒，三杯下肚，万事不愁。很快春天来了，善良的富人兴致勃勃地来送种子，赫然发现穷人正就着咸菜喝着酒，牛早就没有了，房子里依然一贫如洗。

富人转身走了，穷人一直穷着。

据一个投资专家说，他的成功秘诀就是：没钱时，不管再困难，也不要动用投资和积蓄。可见，压力会使你找到赚钱的新方法，帮你还清账单。

第十，关于穷人的方法。

穷人缺钱，很容易陷入恶性循环。没有钱，就难有大的作为，只能为柴米油盐操心；没有钱，就不敢放弃手里这块面包，去追求更多更好的东西；没有钱，就进不了有钱人的圈子，只能在穷人堆里混。身居底层，便很难高瞻远瞩，于是穷人总是错过机会，一生都在仰望别人，为别人的事业添砖加瓦。穷人的无奈，只有穷人自己能够体会，缺钱就没有事业的基础，缺钱就得不到良好教育，缺钱影响心态，缺钱更进不了上层圈子……总之，缺钱就的后果不仅是影响到生计，更重要的是影响到心理，影响到为人处世的方法，影响到人的整个前途。所以，穷人也要创业，穷人创业也有穷方法。

一是把一件事做透。有一个寓言“猴子掰包谷”，说的是猴子在包谷地里收包谷，刚掰下一个，觉得前面的更好，就扔下手里的去掰另一个，另一个到手，觉得还有更好，又扔掉手里的，去掰那个“更好”的。不知不觉走到包谷地的尽头，天色已晚，只得慌慌张张地随便掰了一个。回去一看，恰恰是个还没长成熟的，但也只好将就了。

我们都会笑那个猴子太傻，可是换了你，又会怎样?

猴子犯傻是有客观原因的。首先，包谷有层层叠叠的皮包着，里面的内容究竟如何，并不那么容易判断。其次，太多的包谷摆在面前，形成了诱惑和干扰。只有一个包谷时，可以剥开来细细观察；两个包谷时，可以放在一起比较；满眼都是包谷时，很多人就不知所措了。高矮胖瘦相差无几，一律地摇曳生姿，掰了这个就要放弃那个，到底要哪个呢?

人往往觉得已经到手的不是最好的，凡是有机遇路过，都想一把抓住，创造一个奇迹。其实真正的机遇是很少的，人一生中可能就只有一两次。

我们都熟悉一条组织原则——少数服从多数。但是实际上，生活中很多“多数”的意义并不大，反而是由“少数”在决定着事物的性质。将军的某一个念头，可能左右一场战争的胜败，从这种意义来看，很多人的血是白流的。十只股票中，只要买对了两只，这两只所赚的钱，也许比其他八只都多。

穷人创业，往往并不是没有遇到过赚钱的机遇，也曾经有过潜力很大的项目，那真是一段愉快的日子，干什么都顺，前途无限光明。然而当那一阵高峰过后，日子又渐渐平淡了，许多人便开始烦躁，一心想创造新的辉煌。于是大量的精力用于开拓，原来赚钱的事反而顾不上了，时间一长，自然废弃。

千辛万苦开了头，却不能坚持下去，一辈子都在追寻，一辈子都在选择，等到发现已经快走到人生尽头，才像那掰包谷的猴子，随便对付一个了事。

把一件事情做透，是成功人生的捷径，千万不要以为机会遍地都是，人一辈子大量的活动其实都只是铺垫，真正起决定作用的只有几次，当你手上抓住一个机遇时，再难也不要松手．也许完成这一件事，就奠定了一生的价值。

重要的不是决定要做什么，而是决定不做什么。不做什么是为了等待真正要做的，一旦决定要做，就一定把它做透。

二是坚持就是胜利。有一个故事，说的是一个国王要赏赐一个大臣，就让他自己提一个方案。大臣说：“我的要求不高，只要在棋盘的第一个格子里装一粒米，第二个格子里装两粒，第三个格子装四粒，第四个格子装八粒，以此类推，直到把64个格子装完。”国王一听，暗暗发笑，要求太低了，照办！

装米的工作进展神速，不久棋盘就装不下了，改用麻袋，麻袋也不行了，改用小车，小车也不行了，粮仓很快告罄。数米的人累昏无数，那格子却像一个无底洞，越来越填不满。国王终于发现，他上当了，一个东西哪怕基数很小，一旦以几何级数成倍增长，最后的结果也是难以计量的。

穷人的发展很难，起步难，坚持更难，面前就那么几颗米，有时自己都没了胃口。可是一件事情的成功，往往就在于坚持，当基数积累到一定的时候，只需要跳一个格子，就立地成佛了。这之前的一切都是铺垫。

铺垫就是一个由量变到质变的过程，没有第一粒米，就没有后面的车载斗量。这个过程是漫长的、艰难的，能不能等到那最后的一天，就看你的功夫了。投资理财讲师张雪奎认为，老辈人说的世上无难事只怕有心人，就是说的这个。

三是敢于做大事。穷人总是直观地认为路边的小饭馆饭菜便宜，大饭店必然昂贵，其实不然。就算小饭馆单价确实便宜，但如果敞开肚子，毫不节制乱点一气，最后结账也是一笔不小的数字。何况小饭馆并不一定便宜，比如《水浒》里孙二娘开的店。不要以为店小老板就善良，有时大饭店反而更讲规矩，更重信誉。小饭店生存艰难，说不定早就练就了一身刀技，宰起客来绝对是稳准狠。何况还要算一笔账，要是在路边的鸡毛小店吃坏了肚子，更是得不偿失。

所以，穷人不妨壮起胆子走进大饭店，试试。先问个价，如果不行，无非是退出来而已，又不损失什么，至少还长了见识，何必凭空想象，自甘平庸，自绝于更好的机会。

做一个大生意和做一个小生意，费的口舌往往是一样的，不要认为小生意好做就选择它，很多时候两者花的功夫一样多。是否做一件事，选择的标准不应是大小，而是看自己是否适合。

中央电视台的许多主持人都是从地方台跳去的，当年他们在地方台时，当地的观众也没有觉得他有多么出众，多么了不起。但去了中央台，渐渐就气度不凡了，如果再返回地方，与过去的同事同台主持，真的就不一样了，让人刮目相看。

每个人身上都蕴藏着丰富的潜质，你所面临的挑战越大，对自己的潜能挖掘得越充分，就越可能有非常的建树。一个人的思维和气质常常是由他所从事的工作打磨而成的，并非他刻意如此，而是每天所接触的人和事、必须思考和处理的问题，培养出了一种个人风格。

环境会给每个人打上烙印。一个人对自己的评价常常不是基于自己对自己的认识，而是随别人对自己的态度而改变的。当别人认为你是重量级的人物时，他的态度谦卑，你就不知不觉气宇轩昂，而当周围的人都觉得你无足轻重，你自己要么畏缩，要么激愤，都难有大度雍容的感觉。

人生如同一场戏，既然都是唱，都要花费同样的力气，还不如选个大舞台、好角色，痛痛快快演一场！

第八章
农耕创业，田园梦想也疯狂

农村创业是一种劳动方式，是一种无中生有的财富现象；是一种需要创业者组织，运用服务、技术，并对器物作业进行思考、推理、判断的行为。作为农村创业者，你有没有评估此项目在家乡有没有市场呢？具不具备可行性呢？有没有尝试从分析入手呢？有的农村创业者只有发财梦想，没有创富策略，结果两手空空，不但没挣到钱，甚至赔了本钱。通过本章的故事，希望能引起农村创业者的深思。

盲目养殖创业，赔光多年积蓄

随着生猪价格节节攀升，随后养殖业全面好转和升温，农民的养殖热情高涨。但是选择养殖项目一定要根据自己的具体情况而定，必须明白养殖业投资有风险，保证能赚钱不赔本的项目根本不存在。根据地域特点、环境条件、自身优势，哪种项目能在一段时间里把钱赚到手，就是你要找的好项目。

农村创业者文化水平和技能素质普遍较低，要想创业，就必须提高技能，不断地给自己充电。同时，在创业前，要确定所选择的项目涉足的人数，是否具有独创性，有多大的市场容量。同时，创业时的资金投入时要注意有所保留，预备种种不利局面的发生，以免因经验或市场的问题而导致血本无归。如果不能明白这些，那养殖创业就很可能走向失败。

富贵从小在农村长大，他一直有一个创业梦想，想闯出自己的事业，让爸爸妈妈享几天清福，把企业做大，成为国际知名企业，为伟大的祖国母亲争光。愿望真是美好！可是，创业之路并不是他所想象的那样简单。

富贵在书上看到，说要成功整合身边的所有资源。他熟悉农村的环境，农村的草遍地都是，又安静，搞养殖业应该是很好的。可搞什么养殖，最有经济效益呢？经过调查，富贵选择了养殖兔子。

说干就干，他买来了养殖的设施——兔笼子、食槽、水槽和关于兔子养殖技术的书等。由于考虑到刚开始并没有养殖经验，也不了解市场行情等，所以养殖规模并不大。就这样，富贵开始了他的创业之路。

可渐渐问题就出现了，富贵觉得太累了：白天打扫卫生、喂食、消毒、打疫苗、拌料等，这还不算什么，可就这样尽心照顾，还是有兔子死掉，虽然死亡的数量并不多，可还是让他整天提心吊胆的，心理上十分疲惫。而且要三个月才见效益，就算见效益，而且由于养殖规模太小，盈利也不会很多。于是，富贵对兔子养殖的兴趣开始淡了，开始寻找见效更快、盈利更多、出力更少、更容易发展的项目。

富贵的第一次创业就这样失败了，他接下来又作了一些创业尝试，均不理想。

就在这时，也就是富贵放弃养殖兔子的第二年，兔子价格开始飞涨，比当时的价格高出了两倍还多。

富贵说自己很失败，他开始审视自己，审视他的创业思想，他的心态。他发现了很多问题，这些问题也是初次创业者的通病。那就是缺乏吃苦精神；好高骛远，不能一步一个脚印地向前走；缺少坚持和执着，如果他当时坚持了，努力了，那么他可能有了一定的资金积累。

但是，后悔是没用的，富贵不想轻易放弃。挺过这一段情绪低潮后，他听说养殖珍珠鸡大有前途，决定放手一搏。他以为，养鸡的技术含量不高，应该很快就能掌握。按照报纸上的广告，富贵来到河南某地学习了一个星期的养殖技术。

回到家后，富贵购回了5000多元的珍珠鸡种苗，并在一亩多菜地上搭起塑料大棚，改造成养鸡场，匆匆上马。按照学来的简单配方，他购来各种原料配制成饲料，珍珠鸡虽然长得比较慢，但尚属正常。

养鸡是个很辛苦的工作，富贵忙不过来时，就发动妻子和孩子，并且请来妹妹帮忙。辛苦之余，看着2000多只珍珠鸡渐渐长大，富贵兴奋极了："估计这批鸡全部出售能赚到两三万元。"

然而，春节刚过，百年不遇的特大冰灾突然降临，鸡饲料无法购买配制，珍珠鸡的生长发育成了大问题。富贵慌了手脚，他在鸡圈里挂上几十个200瓦的灯泡，期望能起到一点保温作用，但由于连续几天停电，只能眼睁睁看着鸡一只只死去。

好不容易熬过冰灾，2000只珍珠鸡已经只剩下600多只了，富贵无钱继续购买饲料了，只好匆匆将尚未发育完全的鸡一次性卖了出去，亏了2万多元。

“那可是我们全家多年来的全部积蓄啊！”富贵欲哭无泪。

富贵养殖兔子大半年，养殖珍珠鸡一年多，亏掉积蓄，不仅遭受家人的责难，邻居也笑他“想钱想疯了”。

点评与建议

富贵的养殖创业失败了，这再次提醒农村养殖创业者，进入养殖业必须把握以下原则。

第一，先学技术后养殖。

养殖选项一定要有技术，俗话说，“隔行如隔山”。在确定养殖选项时，一定要对那个行业熟悉或了解，掌握一定的技术，哪怕有给别人养殖场打工的经历或自己小规模养殖经验也好。古训就有“家陈万贯，带毛的不算”，说明养殖业的风险非常大，任何一种动物的养殖都有严格的饲养管理技术。当猪疫病季节流行时，出现大量动物死亡的都是中小养殖户和散养户的养殖场。大规模养殖场，严格按照科学饲养管理和免疫程序来做，损失通常会小一些。

第二，一定要看市场前景。

看准所选项目也要看市场前景。有些农民要养水耗子、蜗牛、土鳖虫、蝎子等。其实养什么都可以，关键是产出的东西卖给谁。先要假设自己已经生产出产品，花些精力跑市场，看看能不能卖出去，最终把产品变成钱。有些产品需求面窄，一旦市场饱和，沤肥都没用就注定了悲哀。所以，在市场经济条件下，做生产的行家，不如成为市场的行家。

第三，价格高时莫跟风。

有一段时间肉鸡价格高，看似每只鸡的利润空间很大，于是有的农民纷纷盖鸡舍，上肉食鸡养殖项目。事实上，肉食鸡养殖风险很大，数量很多，市场饱和，鸡雏成本高，不能保证成活率就没有利润。有的农民坚持上项目，结果肉食鸡价格下滑时，赔了个血本无归。现在的生猪价格也不是很稳定，没有经验的新养殖户就不宜进入，要观察等待。

第四，价格低时找商机。

2006年4月，生猪价格低迷，最低时每市斤只有2.25元，小猪崽100元买7个，有一个农村小青年大量购猪，等到他的猪8月份出栏时，价格就涨到每市斤3.4元左右，他由于成本低赚了一笔。在毛皮动物价格低迷时，大量的跟风养殖户纷纷挑群退出，有些头脑灵活的农民正准备进入，这样的判断令人认同，价格波谷时商机就在眼前。

第五，要投石问路。

任何项目的选择，对刚刚进入者来说，都是一个新课题，要有个交学费的过程。比如养鹅热情高涨时，有些养殖户根本就不具备条件，开始就买上千只鹅雏，没几天就死了一半，损失惨重。所以，当你瞄准某个项目时最好适量介入，以较少的投资来了解认识市场，等到认为有把握时，再大量投入，放手一搏。即使出现失误，“船小好掉头”，也有挽回的机会。

第六，签订合同不一定保险。

很多农民朋友把合同看成最保险的，却忽略了很多别的问题。某兔业集团大量签订回收合同，可他的兔肉产品是什么品牌，市场在哪儿，这些关键的问题在合同里都没有写明，若仅看有利便盲目签订，不考虑回收的具体事宜，则一定会吃亏。所以千万不可轻信对方的许诺，合同也不是最保险的。先要对项目有个理性判断，看市场是不是有需求，特别是对高价卖种的，更要在签订合同时留一手，以防止对方有意违约给自己带来经济损失。

受骗上当，种植创业赔巨款

新时代的农村发展中，种植业是个大问题！农村种植业应该以市场为主，农民也应该学习基本的市场概念，再结合当地的生态和气候条件来发展自己的种植业。瞅准市场需求，选择正确的蔬菜品种，加上科学的管理方法，这是最终取得收益极为关键的问题。如果其中有一项把握不好，都会给种植带来直接的经济损失。

43岁的钱贵是北方某市郊区的一名普通村民，常年靠种植苹果为生。2008年，钱贵有一天听人说种植茶树很挣钱，就突发奇想，要种植茶叶。

这一想法起初并未得到家人的同意，都觉得种茶在南方合适，北方种不了茶。钱贵到南方考察回来后，就极力说服家人，说茶树在北方完全可以种植。他是一个死心眼儿的人，家人根本说服不了他。

钱贵种植了30亩茶树苗木，第一年的苗木枝叶茂盛，势头很好。眼见就要有收成了，却在越冬时，因未及时给苗木采取保护措施，导致苗木全部冻死，当年就赔了20多万元。

首次创业碰壁，钱贵还在坚持。2009年，钱贵进行了经验总结后，决定继续种植茶叶，先进行小范围种植，选了10亩优质地，并自创了“小拱棚”种植法。钱贵原本以为有了失败教训，这次就能成功了，没想到再次遭受重创。这一年，问题同样出在苗木无法越冬上，也让钱贵的10万元投资又一次打了水漂。

连续两年赔了30多万元，钱贵面临前所未有的压力。年仅43岁的他头发也白了许多，整天愁眉苦脸，不爱说话。他被彻底压垮了，再也不想搞什么种植创业了！

点评与建议

钱贵种植茶树失败的经历给广大农户敲响了警钟。一方面，骗子们都挖空心思，专门针对大家的弱点来做广告，设下骗局，尤其是对农民。但最为重要的是，选择茶树种植，必须要学习相关的知识。茶树栽培技术是个专业性较强的问题，其中的注意事项更需要把握。当然，具体的技术细节还需专门学习，不在本文讨论之列。

总之，搞种植不是一蹴而就的，除了日常防骗，更要通过学习降低创业风险。所以在农村创业投资前，需要做好风险预测，要做最坏的打算。特别是小资本投入农业，最好从小做大，即使经历失败，也有机会可以东山再起。

创业好高骛远，最终导致失败

创业者普遍存在好高骛远的想法，总想“一口吃个胖子”，所以往往高不成低不就，并最终落得个“水中捞月一场空”的结局。

黄诚是“80后”，高考失利后他没有选择复读，因为他一直有一个创业梦想，想闯出自己的事业，让他的父母享几天清福，把自己的生意做大做强，成为“80后”的一个榜样，也为父母争光。

然而，创业之路并非黄诚所想象的那样简单。

黄诚从小在农村长大，熟悉农村环境，他发现当时附近做面粉生产的厂家比较少，而当地农民的主食就是面粉，这个市场一定很大，做个小型的面粉厂应该是不错的。于是，黄诚的父亲拿出家里仅有的几万块钱积蓄，在当地为儿子购置了一套小型的面粉生产设备。黄诚每天忙着架电、架水管、安装设备、购买小麦、设计包装。很快的，2010年5月1日，黄诚的小型面粉厂开业了！就这样黄诚开始了他的创业之路！

面粉厂的设备虽然差点，可是在黄诚和叔叔两个人兢兢业业的操持下，开始的几个月面粉厂的效益还是不错的，每天前来兑换面粉的人络绎不绝。可渐渐地，问题就出现了。

黄诚对面粉生产方面的认识不多，开业后不久先是工商局来收费，然后就是技术监督局的查处，要黄诚注册商标、申请食品QS标志，等等。黄诚这才知道，他这所谓的面粉厂根本就是儿戏！黄诚的机器生产出来的面粉根本就达不到能够流上市场的标准，他交完罚款后面粉厂也基本上宣布倒闭了！就这样黄诚的第一次创业失败。

时隔没多久，黄诚又萌发了在当地做化肥农药生意的想法。他与父亲商量以后，父亲又投入了好几万块钱。

由于有第一次的经验，黄诚这次首先向工商部门申请了营业执照。然后进货、盖仓棚、买柜台，很快他的化肥农药经营处开业了。

开业时已经是秋后了，黄诚根本不知道当地秋天种地的就很少，所以第二年卖出的化肥寥寥无几。加上向当地工商部门缴纳的所谓的“属地管理费”2000元，所以基本上是没赚钱。第二年销售量虽然不大，但是在这一年中，黄诚慢慢琢磨出了一点门道。第三年生意不错，可是到年底问题又出来了。

由于当地经营农资销售这一块基本上都是赊销模式，结果黄诚到年底囤货没钱了。而向农民讨账又成了一个大难题！大多数农户的收入基本上都用到孩子的学费、婚丧嫁娶上了，所以年底黄诚去讨账他们根本就没有钱，而黄诚收上来很少的化肥农药款根本不够来年进货的！

看着别人都通过贷款把生意做得红红火火的，于是黄诚也学着向当地信用社贷了4万元的款，就这样勉强撑过第四年。

四年的经营，结果算下来黄诚也没赚到多少钱，只留下一摞摞的账本。眼看还贷的日子快要到了，要账吧？难啊！这时的黄诚才认识到，自己陷入了一个深深的大泥潭！

“没有人能救我，只有要账！”于是，黄诚一村一村，一家一家就像要饭的叫花子。直到还贷日子的前两天，他也没把外欠款收上来。没办法，黄诚只好又一次向父亲开口。

还了贷款后，到黄诚所谓创业的第六年，他再也撑不下去了，由于农户的讨价还价、年年工商税务的费用、薄弱的利润、恶劣的竞争，加之当地农药化肥市场的紊乱等因素，就这样，他的第二次创业失败了。

在以后的几年里，黄诚还和朋友做过很多小生意，可结果均不理想。当黄诚还清欠贷款，除去这几年他的开销，最后手头就剩下几千块钱和一摞摞的烂账本！

黄诚被挫败感深深地包围了，“失败啊，真失败！”他这才发现，自己就是一个彻彻底底的创业的失败者！

点评与建议

黄诚的创业失败主要因为好高骛远，不能一步一个脚印地向前走。因为好高骛远，所以缺乏吃苦精神，缺少坚持和执着。如果他当时坚持了，努力了，那么他现在可能有了一定的资金积累。要知道，比尔·盖茨、李嘉诚等人也是从开小店开始，经过多年的打拼才取得了今天骄人的战绩。农村小本创业更要脚踏实地，切忌好高骛远。

“不积跬步，无以至千里；不积小流，无以成江海。”每个人都幻想着成功，幻想着一夜暴富，然而，成功往往是靠一点一滴的积累。有远大的理想自然是好事，但梦想的实现与每一天的积累是不可分割的。今天是残酷的，明天是残酷的，后天才是美好的，可往往大多数人死在了明天。但是，后悔是没用的。在这里希望所有创业者，让我们从今天开始努力、努力、再努力，执着、执着、再执着。只要我们不轻易放弃，只要挺过今天、明天，就一定会迎来美好的后天！

假专利骗人，创业者上当

从实践经验上看，靠假专利骗钱的公司常常挂着这样的头衔：专利技术合作促进会、专利技术交易服务中心、专利技术开发公司、专利项目投资公司、专利招商引资对接公司、发明技术科学博览会、技术研究院、技术信息公司、科技公司、科技报社、投资顾问公司、知识产权报社、国际商务公司、信息咨询、信息报社，等等。他们的“讲座”或来函内容意旨不外乎先恭维你一番，认为你的发明新颖、实用性强、商业前景广阔等，因此，该公司看中、看好你的发明，并特别为此批准立项。紧接着又“老王卖瓜”式地吹嘘自己的公司实力如何强大、经验如何丰富、信誉如何有保证、服务如何到位等，最重要的一项是表明你的专利项目已有商家计划投资、合作、转让或融资等，并请你尽快与他们联系。这一连串的“忽悠”，很容易使人们上当受骗。事实上，这样的例子在农村创业者中更是屡见不鲜。

农村青年朱信一直都想开始自己的创业路，他相信只要勤奋努力，加上正确的选择就一定可以富裕，所以总对未来有一种美好的憧憬和向往，准备拼尽全力和用饱满的热情来对待即将到来的事业。但是，朱信却犯了一个致命的毛病，就是热情过度，这种激情会冲破人正常的思绪和风险防范意识，说到底就是一种盲目乐观，很容易把自己引上一条过度自信和夸大自身能力的道路。这样在选择项目或是合作伙伴上都会凭自己的感觉，往往不考虑这个项目或是合作伙伴符不符合自己所要期望或是设定的目标。朱信就这样选择了加盟生产洗衣粉。

朱信只有初中文化水平，有一次他收听了某媒体几个月的致富讲座，没过多久，讲座项目就登陆了××省，这让他极其的兴奋，因为这样就不用去到总公司就能学到致富的项目！

在媒体上搞致富讲座的这家公司通过发布“致富”信息，招收学员首先进行“理论培训”，培训由一位仅初中学历的所谓“教授”授课。该“教授”介绍这款洗衣粉是“专利”产品，又吹嘘了一通洗衣粉的巨大市场需求和公司设备的“卓越性能”，经简单操作指导后，整个“培训”即“大功告成”。学员缴了“技术转让费”和包装袋费之后，公司当场发给学员公司自行印制的“授权生产书”、“结业证书”等，学员即“出师”。事实上，这个洗衣粉设备简单得不能再简单，仅仅是一台装饰后的小型搅拌机而已！这家公司宣称在全国各地设立了好多个分公司从事洗衣粉技术转让，“3980元就能让你发家致富”。他们所推广的所谓洗衣粉技术，其实就是客户从大厂买半成品洗衣粉（母粉）和纯碱、磺酸等原料，通过一台装饰后的搅拌机拌匀这样就得到了所谓的“产品”。

出身于农村的朱信按该公司提供的技术购买了母粉，花去了家里几多年的积蓄，但因产品不能真正膨化而无人购买。几个月后，眼睁睁地看着做成的洗衣粉变成了石头一样的硬块，根本就不能用！

朱信后悔当时热情过度，没有看到此无磷洗衣粉存在的几个先天不足：首先，此公司无法向加盟者提供他们说的那种“独一无二”的技术。其次，无磷洗衣粉在市场上已趋于饱和，并且利薄，需要量的支撑，传统的门对门的销售无法完成销售量的迅速提升。另外在管理方面，作为一种生产型的加盟经营方式，需要组织者对质量进行严格的控制。只要有一户加盟者出现质量问题，所有加盟者都有可能受到影响，而这是很难做到的。最后在销售过程中，这种洗衣粉可能遇到的最大问题是有实力的竞争对手太多，而乡村市场又对价格相当敏感，此洗衣粉又缺乏价格方面的优势，所以迟早会被淘汰。

这次失败后，朱信还是在继续寻找着可以致富的项目。朱信现在仍然坚信：只要有梦想，生活即使艰辛，也绝不会让人绝望。不要慨叹自己是孤独的，一定会有和自己一样优秀的创业者也在向成功前行。因为有梦想，加上勤奋和胆量，一定会拥有财富！

点评与建议

转让所谓的“专利”来骗取钱财是骗子们惯用的伎俩。如果你经验不足被财富的欲望冲昏了头，定力不够，被对方牵着鼻子走，听信其言把钱汇了过去，接下来的结果，可能就是肉包子打狗——有去无回，或者对方敷衍你一阵子以后即音信全无，在这世界上消失了！因此，创业者要加强学习，提高自己的识别分辨能力，使自己的财产不受损失。一旦上当受骗，应该立即与当地有关部门取得联系，尽可能挽回损失。

农耕创业启示录

近几年来，国家进一步加大了农村发展的步伐，给投资农业创造了无限商机。很多农村人也转变思想，开始重视对于自身环境和资源的开发。下面这十项原则，希望能给已投资农业或即将投资农业的朋友，特别是农村中有志创业的知识农民一些启示。

第一，要认识农业。

所谓“知己知彼，百战不殆”，农业说简单也简单，说难也难。简单是因为天天见，农民出门七件事，件件离不了农业，农民种起田来更是得心应手。难的是农业包罗万象，知识面涉及天文、地理、物理、化学等。因此只能从拿手的入手，专一样而后谋发展，创效益。因此，投资农业者要牢记，越是普通的东西往往越不容易出类拔萃。

第二，精打细算，合理布局。

农业面广、商机多。投资农业需要考虑的问题还是很多的。首先投资成本要核算，例如，目前国内农业中用工较多，如何提高用工效率得好好算计一下。还有，如何创造综合效益，要考虑到如何套种、轮种、立体化、产业链化等，这些算好了，成本可能降低不少，效益自然出来了。

第三，出奇制胜。

《孙子兵法》说“以正合，以奇胜”。出奇制胜对任何商战都是有用的。对农业来说，“出奇”就是创新，新品种、新技术、新观念、新点子等往往能让你先获商机，稳操胜券。对小规模投资农业，“出奇”往往能让你快速得到第一桶金，获得最重要的原始积累。

第四，因地制宜，因时而种。

农业离不开天，离不开地。但各地土壤不同，气候不同，作物也不同，甚至施肥打药都不同，在没有设施栽培的时候，因地制宜是不可忽视的，宜林则林、宜草则草、宜耕则耕。发挥自身地理、气候优势，充分利用自然资源，让自己的投资创业更有把握地获得收益。

第五，因市种植，因价上市。

市场经济的发展，使得农业不仅要满足农民的需要，更要满足农产品作为商品创造利益的需要。农业投资要获得收益，要赚钱，就得紧紧围绕市场农产品如何卖上好价钱，就是市场和价格指导你要种什么，什么时候种。这是投资之前必须清楚调查的，记住先找市场再投资。

第六，以人为本，因人而为。

市场找好了，当然得衡量一下自己的能力了。农业包容万象，天上飞的，山上种的，地下跑的，地里埋的到处都有商机，总不能见一样做一样。因此衡量一下，自己适合做什么，选出自己的强项，发挥自身优势，选好项目，先挖出第一桶金后再图扩大，这对白手起家者尤其重要。

第七，用规模创造效益。

当农业发展到一定程度，要创造更大的效益就得有一定的规模，没有规模就成不了大气候，规模化后不仅可以机械化、专业化，而且可以解决农产品的销售问题。小规模发展以后可以走联合、整合当地的优势品种，区域化种植，做特色农业创品牌的道路。

第八，科技是第一生产力。

谁都不能忽视科技带来的生产力，好的种子、好的技术、好的农药、好的化肥，好的农用机等都是科技创造出来的。精准农业、信息农业、设施农业、无土栽培等都离不开科技，可以说，没有科技就没有今天农业的欣欣向荣。掌握知识、科学种田，这个观念应该深入投资农业者的心中。

第九，从小做大，做最坏的打算。

实现梦想，就是获得财富，小的梦想会更容易实现，小本投资的风险也会更低，这也是小本投资的优势。

但事实上，农业总是充满变数。投资农业要考虑天、考虑地、考虑市场等因素，稍有不慎可能前功尽弃，全军覆灭。风险不可谓不大，因此不能不考虑最坏情况出现的可能，提前做好各种准备。

第十，寻找好的创业项目。

近年来，振兴农业、实现产业化调整，成了社会上上下下讨论的热门话题。对于广大的农民兄弟来说，怎样开放头脑、增加经济收入、改善生活条件成了自己最关心的事情。

粮食种植也好，蔬菜种植也好，只要形成规模，周边慢慢就会形成市场。围绕“市场”立足“服务”，小本创业的基础和土壤就已经形成了。农村本身就是个大市场，目前仍有许多就业的空白。只要肯动脑筋，就可抓住空当商机，开辟出一片创业的新天地。以下总结了几类当今在农村比较有市场的行业：

一是老人服务业。随着人们生活水平的提高及观念的更新，老人服务业的社会化、专业化、产业化，以及子女外出打工的空巢老人的增多，使其逐渐成为农村独特的行业。

二是自然肥产业。自然肥是农家有机肥的统称，一方面，自然肥除了提高质量外，还要针对市场需求“绿色化”，这是市场对农产品的基本要求。另一方面，自然肥产业也是城市垃圾的最终归宿，自然肥生产完全可以人工化、工厂化、产业化。

三是农产品经纪人业。随着农产品逐步与国际市场接轨，牵线搭桥搞好农产品流通日趋重要，随之产生的农产品经纪人也将呈现产业化、规模化。经纪人也不再是简单地以推车自卖，还要具备参与国际市场竞争的专业知识。

四是乡村导游业。随着观光农业、休闲农业的兴起，乡村导游将会成为一个新职业。由于农业旅游的特殊性，乡村导游除了要具备一般导游素质外，还应有较丰富的农业科技知识。

五是农机具租赁店。购买农业生产机械及相关配套机具，对于一家一户来说，一次性投入较大，且只在生产季节使用，投资购买不合算。若在农村开家农机具租赁店，既可满足农民耕作生产的需求，又可降低农户的生产成本，市场前途必定看好。

六是经营图书报刊。随着农民科技意识和法制观念的增强，大量青年农民已不再满足于日出而作、日落而息的传统生活方式，在口袋鼓起来的同时，他们希望自身的文化素养和科技法律意识也能得到相应的提高，以适应社会发展的需要，这在一定程度上正好刺激了农村图书市场的繁荣。因此，在人口较多或交通便利的乡村开个书店，经营一些文化、政策、法规、科技等方面内容的图书，生意肯定火爆。

七是缝纫店。时下，由于各种款式的服装不断充斥市场，大多数的缝纫店都早已经关门大吉。作为80年代“三大件”之一的缝纫机，不仅普通年轻人不用，就连中年人用起来都有些手生。这样一来，不仅普通农户经常会为衣服坏了拉链、裂开小口等无处缝补而发愁，就连老年人想做一身合适的衣服也找不到地方。因此，在农村开家能为农民量体裁衣或干些缝缝补补活儿的缝纫店，买卖一定不错。

八是民用住宅设计。盖房是农民生活中的头等大事，随着社会经济的发展，农户住宅也向实用、美观、个性化等方面发展，越来越多的富裕农民在建房时更加慎重，这样就需要有人专门设计、研究新型住宅建设。从当前的情况来看，农村新建房屋的面积普遍增大，而且也不再是单一的“直肠驴”户型，在讲究实用卫生的同时，更讲究布局和功能。但是，农村民用住宅的设计毕竟与城市住宅设计还存在着较大的差异，需要考虑农业生产的实际需要，这就要求功能和外表必须有机地结合。如果在农村开一家装修店，专门从事民用住宅的设计，肯定大有“钱”途。

九是摩托车维修店。摩托车作为农村的大件商品之一已走进了寻常百姓家中，但现在许多乡村还没有摩托车维修店，农户的摩托车一旦出现故障，都得跑到城镇修理，费工费时十分不便。因此，在人流和车流较集中且交通便利的中心村开个兼卖零配件的摩托车修理店，一定会生意兴隆、财源旺盛。

十是上门脱玉米、铡饲草。玉米不仅经济价值高，而且玉米秸秆还是很好的饲草，再加上玉米本身又适合在北方生长，因此北方大部分的农村都种植玉米。玉米虽然有这么多好处，但脱玉米粒和铡饲草却是一件很让人头痛的事。如果购买一台玉米脱粒机和铡草机，用拖拉机拉着上门为乡亲们脱玉米粒、铡饲草，定能赚个盆满钵溢。

十一是专业打农药。随着农村种植结构的不断调整，不少农户都承包了大片土地，大面积种起了棉花、蔬菜、瓜果等经济作物。对于这些农户来说，由于严重缺乏人手，农忙时经常会错过最佳的喷药时机，从而造成了农作物的减产。于是，有些种地少的人便瞅准时机干起了替人喷药的服务，专门替人打农药，既替人解了忧又鼓了自己的腰包。

十二是乡村网吧。随着信息业的高速发展，许多农民已开始利用因特网来推销自己的产品，足不出户便使客商云集，既提高了效率，又降低了成本。开通因特网，能定期为农民发布供货、价格、产业等方面的信息，大大促进农产品的快速流通。农村中上网冲浪的人不在少数，上网学习、娱乐、寻找信息已逐渐成为各地农民文化生活中的重要内容。因此，农村开网吧，前景十分看好。

十三是短途贩运。市场一旦形成，客商云集。周边的种植户就会纷纷前来卖货，市场上人气聚集来。但种植户千家万户，比较分散。各家情况也各有不同。有些人离着市场近，前来卖货比较容易，或者家里壮劳力比较多，就自己到市场卖货。有的种植户家离市场远，不愿意到市场上卖货。有的种植户交通不方便，出村不容易。还有的人家子女在外地打工，家里老人出外卖货不方便等情况，不一而足。

针对这种实际需求，开个农用三轮或五轮车，叫上几个身强力壮的帮手，搞个短途贩运，既服务了群众，自己靠力气又能挣到钱，有何不好呢？

短途贩运要掌握几个诀窍：首先要信息灵，要对市场周边的产情、长势一清二楚。其次对种植户态度好，服务好，嘴巴甜，手脚勤快，多帮种植户干点抬抬搬搬的力气活。

十四是组建装卸队。市场上收的货，总要运走。这就需要装卸队。这一行基本上不用投资，多靠力气和服务吃饭。规模以15到20个身强力壮的年轻人为宜。人数多，装卸也快，30吨左右双桥后八轮，45分钟内就可完成。一天多揽些活，收入自然也多些。

组建装卸队一要力争人多势众，声势大，利于竞争；二要尽力满足客户要求。

十五是建个电子磅。市场形成初期，以小型磅为主。市场形成一年以上了，就要考虑建个大型磅。小型电子磅加所有附属设施投资不会超过2万元。到市场上卖货的、买货的三轮、五轮农用车和20吨内的汽车一般都要过磅。以每次5元过磅费计算，一天80到100车，日收入就可达到四五百元。如果收购期一个月，总收入就能达到1万多元；收购期能达到两个月，扣除其他费用，基本就可以收回投资了。来年就是净赚的了。

十六是建个简易的休息服务大棚。农村收购，一般在地头，固定的建筑物比较难找，可以考虑临时盖个简易的竹木大棚，面积要足够大。准备一些桌椅板凳，专营茶水饮料和简单的饭食，为来交易的群众做好服务。只要服务态度好，干净卫生，收购期内收回成本并有盈余应该不会是困难的事。

随着农村经济的快速发展，如今农民的整体生活水平都有了明显提高，于是在生产、生活方面的新需求也开始出现，这就为那些想在农村发展的朋友提供了很大的市场空间，只要能抓住市场“空当”，满足农民不断出现的新需求，就可以致富赚钱。

当然，以上只是小本创业经营的一些方法和经验，围绕着市场的逐渐扩大和成熟，建饭店、旅馆、加油站、配货站等市场相关配套设施工作就可以逐步展开，但在创业之初务必脚踏实地，切忌好高骛远。